既有公路构造物再利用工程竣(交)工验收指南

张国辉 宋桂锋 杨建成 潘宝林 编著

人民交通出版社股份有限公司

北京

内容提要

本书以国内若干高速公路改扩建工程为依托，根据现有的《公路养护工程管理办法》(交公路发〔2018〕308号)等技术政策文件，结合工程实际重点对公路构造物的竣(交)工验收工作中的要点，进行了归纳总结。详细论述了进行维修加固后再利用的公路构造物，如桥梁、隧道与路基等进行竣(交)工验收的特点、工作程序、验收依据以及质量评定、组织管理与资料准备要求等。对于常见竣(交)工中桥梁缺陷的治理提供了设计补救的实例，并结合最新的《公路工程质量检验评定标准》(JTG F80/1—2017)，给出与之评定方法相匹配的基于合格率法的"公路桥梁维修加固工程质量检验评定的标准"。

本书可供从事公路改扩建项目的质量监督、检验、管理的技术人员参考、使用。

图书在版编目(CIP)数据

既有公路构造物再利用工程竣(交)工验收指南／张国辉等编著. — 北京：人民交通出版社股份有限公司，2019.12
ISBN 978-7-114-15565-9

Ⅰ.①既… Ⅱ.①张… Ⅲ.①公路养护—工程验收—指南 Ⅳ.①U418-62

中国版本图书馆 CIP 数据核字(2019)第 101715 号

Jiyou Gonglu Gouzaowu Zailiyong Gongcheng Jun(Jiao)gong Yanshou Zhinan

书　　名：	既有公路构造物再利用工程竣(交)工验收指南
著　作　者：	张国辉　宋桂锋　杨建成　潘宝林
责任编辑：	牛家鸣　卢　珊
责任校对：	刘　芹
责任印制：	张　凯
出版发行：	人民交通出版社股份有限公司
地　　址：	(100011)北京市朝阳区安定门外外馆斜街3号
网　　址：	http://www.ccpress.com.cn
销售电话：	(010)59757973
总　经　销：	人民交通出版社股份有限公司发行部
经　　销：	各地新华书店
印　　刷：	中国电影出版社印刷厂
开　　本：	787×1092　1/16
印　　张：	9.75
字　　数：	231千
版　　次：	2019年12月　第1版
印　　次：	2019年12月　第1次印刷
书　　号：	ISBN 978-7-114-15565-9
定　　价：	60.00元

(有印刷、装订质量问题的图书由本公司负责调换)

前　言

随着我国经济发展,公路交通运输的压力进一步增大,早期修建的公路逐步进入改扩建阶段。由于各地在既有公路构造物(桥梁、隧道、路基等)利用上的技术、质量等管理方面的控制手段千差万别,缺乏统一、适用的验收方法,使公路构造物利用后,其工程出现质量参差不齐、验收标准不一、验收责任不明等问题,导致维修加固过的既有公路构造物投入运营后质量缺乏保障。

相对于新建工程,公路维修工程市场化程度较弱,部分地区的公路维修工程并未实行招投标管理与监理制度。由于公路维修工程经常采用新技术、新工艺、新材料,往往设计单位、施工单位、材料供应单位等为同一家,对行业主管部门以及项目法人与监理单位的规范管理造成一定影响。

实际工作中,很多项目参照或套用现行的《公路工程竣(交)工验收办法》及《公路工程竣(交)工验收办法实施细则》对公路维修工程进行验收。尽管两者有不少相似之处,但由于上述差别,造成了公路维修工程验收工作存在一些实际问题。例如,各从业单位对公路维修工程验收工作的依据、时限、具体工作程序、评价方法以及验收结论等问题往往不能形成一致意见。

公路新建项目与公路维修项目均属于公路工程项目,验收主体都是工程项目所属的交通行政主管部门,但是由于公路维修工程与新建工程的差异较大,而现行《公路工程竣(交)工验收办法》主要针对新建、改建工程,对于公路维修工程并不完全适用。因此,迫切需要针对公路维修工程制定一套行之有效的验收工作规定,进一步规范公路维修工程验收工作,以利于公路维修工程持续健康发展。

作　者

2018 年 12 月

目　　录

第1章　绪论 ·· 001
1.1　我国公路改扩建中既有构造物利用现状 ··· 001
1.2　既有公路构造物再利用工程竣(交)工验收问题 ··································· 005

第2章　桥梁维修加固工程质量管理的必要性 ································· 007
2.1　桥梁维修加固工程验收与新建工程验收的差异 ································· 007
2.2　桥梁维修加固工程质量控制的必要性 ··· 008
2.3　桥梁维修加固工程规范管理的必要性 ··· 008
2.4　桥梁维修加固工程后评价的必要性 ··· 008

第3章　公路维修加固工程竣(交)工验收 ··· 009
3.1　桥涵结构物维修加固工程的主要特点 ··· 009
3.2　公路路基利用的主要特点 ··· 010
3.3　公路构造物维修加固工程验收的主要问题 ··· 011
3.4　公路构造物维修加固工程验收的主要依据 ··· 014

第4章　公路维修加固工程验收的质量评定 ······································ 020
4.1　公路维修加固工程的项目划分 ··· 020
4.2　公路维修加固工程的质量评定方法 ··· 020

第5章　公路维修加固工程验收的组织管理 ······································ 023
5.1　公路维修加固工程的验收组织 ··· 023
5.2　公路维修加固工程的验收程序 ··· 023

第6章　公路维修加固工程的验收资料 ··· 025
6.1　公路维修加固工程的验收工作资料 ··· 025
6.2　公路维修加固工程的验收结论资料 ··· 025
6.3　公路维修加固工程的其他竣工资料 ··· 025

第7章　公路维修加固工程验收后工作 ··· 027
7.1　项目法人的工作 ··· 027
7.2　质量监督机构的工作 ··· 027
7.3　交通运输主管部门的工作 ··· 027

第8章 交工验收维修处治典型案例 ································ 028
8.1 支座脱空 ·· 028
8.2 桥墩垂直度超标 ·· 032
8.3 T梁腹板混凝土剥落 ·· 049
8.4 T梁简支端赘余齿板缺陷 ·································· 061
8.5 T梁负弯矩钢束齿板错位缺陷 ··························· 068
8.6 T梁钻孔缺陷 ·· 080
8.7 T梁马蹄尺寸偏差缺陷 ····································· 089
8.8 桥梁常规缺陷 ··· 097
8.9 隧道衬砌裂缝缺陷 ··· 115

第9章 结论与展望 ··· 127
9.1 结论 ··· 127
9.2 展望 ··· 127

附件 公路桥梁维修加固工程质量检验评定标准 ············· 129
参考文献 ··· 149

第1章 绪 论

1.1 我国公路改扩建中既有构造物利用现状

公路运输是我国主要运输方式之一,1980年全国公路通车里程只有85万km,全国民用汽车拥有量约200万辆,且公路通达路径大部分集中在东南沿海和中部平原地区。截至2018年底,全国通车里程达到484.65万km,其中高速公路通车里程超过了14.26万km。20世纪70年代,在长达八年的京津塘高速公路前期工作中,广大科技人员在借鉴国外高速公路技术资料的基础上,制定了适合我国国情的京津塘高速公路技术标准和勘察设计规定,为我国高速公路的发展打下了基础,也拉开了我国高速公路建设的序幕。

20世纪90年代,我国高速公路建设迅猛发展,特别是1998年国家采取了积极的财政政策,扩大内需,加强基础设施建设,应对亚洲金融危机。交通系统广大职工努力拼搏,"十五"期间高速公路通车里程每年平均新增约4000km,创造了历史的奇迹,为国民经济发展和提高人民生活质量做出了积极贡献。但应看到,我国公路建设的成就主要体现在公路总量的增加和等级的提高,偏重于追求发展的速度和建设的规模。由于受认识水平、资金、环境等众多因素的制约,加快发展同时也凸现出一些问题,如土地资源、环境、安全等因素的制约与对使用功能较高期望之间的矛盾越来越突出。

与发达国家的先进水平相比,我国公路在路网结构、服务水平、管理能力等方面还存在较大差距。特别是由于国道主干线的建设资金多以地方政府为主多渠道筹集,国家给予补助,所以目前我国公路建设的主体为地方政府或其所属的项目法人机构。这就导致我国国道主干线的建设虽在宏观上受规划的控制,但更多的是地方政府从考虑本地区交通需求出发分段建设,并没有在路网上真正形成国道主干线网络系统。尽管公路总里程特别是高速公路和一级、二级干线公路有了较大的发展,交通运输紧张状况基本得到缓解,但交通"瓶颈"问题仍没有根本解决,现有路网的效率没有得到充分发挥。

1.1.1 国外公路改扩建工程现状

欧洲、美国、日本等发达国家和地区高速公路发展历史较长,其建设规划、发展理念、经济发展及城市布局等与我国有较大差别,同时其交通组成、建设模式、投资方式与我国也有很大的不同。

随着经济和交通的高度发展,发达国家也相继出现了高速公路的扩建工程,这些工程扩建目的、控制因素不尽相同,采用的扩建形式也各异。根据相关资料,结合部分项目的实地考察,对部分典型高速公路扩建形式做如下介绍。

(1)美国高速公路

美国高速公路建设始于20世纪30年代,其中相当一部分是在原有道路的基础上改建而成。由于美国平原多、大川大河少，加上土地资源丰富，州际高速公路建设中绝大多数采用了宽中央分隔带，这些设计理念为后期的高速公路扩建带来了很多便利条件。早期美国采用宽中央分隔带的高速公路如图1-1所示。

图1-1　美国高速公路早期采用宽中央分隔带

随着经济和汽车工业的发展，加之州际高速公路均不收费，美国交通量增长较快，20世纪70年代开始逐渐进入高速公路扩建时期。由于早期建设的高速公路多采用了宽中央分隔带的形式，高速公路扩建多采用了原位加宽的方式，车道数从双向四车道增加为六车道、八车道。为了充分发挥高速公路的快速通过能力，交通量大的高速公路两侧大多设置了集散车道，用于收集和疏散高速公路交通，形成了美国高速公路的一个特色。

（2）加拿大多伦多401高速公路

多伦多是加拿大人口最多的城市，交通需求量大，高速公路网发达。401高速公路是多伦多市内东西向主要干线高速公路，1952年开始建设，断面车道数为4～22，平均每天通过交通量为1.5万～40万辆。

401高速公路建设时期不同路段采用了不同的标准，且标准差异较大，建成后不同路段交通发展不同，其中一些路段进行了扩建。

从图1-2和图1-3中不难看出，在一般路段，401高速公路采取了中央扩建与两侧加宽扩建相结合的方法增加车道数；在交通量大的城市路段，早在建设时期就已考虑了多车道方案，且通过采用分离路基方式来解决多车道的交通组织问题。

图1-2　1963年和2003年401高速公路同一地点的变化

图 1-3 401 高速公路现状图

1.1.2 国内公路改扩建工程现状

进入 21 世纪以来,我国有不少早期建设的高速公路开展了改扩建工程的研究,一些改扩建工程已先后建成通车。这些工程在改扩建方案论证阶段都进行了大量的研究工作,取得了丰硕的研究成果,这些成果对本书具有相当重要的参考价值。

(1) 沈大高速公路

沈大高速公路扩建工程研究始于 2000 年,研究阶段设计单位针对新建、扩建及扩建形式进行了深入的研究,最后推荐两侧拼接为主、单侧分离为辅(隧道和海湾大桥路段采用分离方式)的扩建形式。工程于 2002 年 5 月开工(封闭)建设,2004 年 8 月全线通车。沈大高速公路开创了我国高速公路大规模扩建的先河,尝试了全封闭施工、全部路面重建、全部桥梁上构重建(含利用)、全部交通工程及沿线设施重建的沈大模式,扩建规模为四车道扩建为八车道。

(2) 杭甬高速公路

杭甬高速公路扩建工程始于 2000 年 10 月,采取分段逐步实施的方式进行扩建,采取两侧拼接扩建方式,路幅宽度有六车道和八车道两种。杭甬高速公路扩建工程立足于提高通行能力、解决好软土地基处理技术问题等方面,对道路平纵面调整、老路改造路面、结构物、交通工程等未做重点考虑。扩建工程采取不中断交通的方式进行施工,实现了扩建、运营两不误,其建设思路具有代表性。

(3) 沪宁高速公路

沪宁高速公路是我国早期建设的知名高速公路之一,随着交通量的增加,项目扩建日益紧迫。

2002—2003 年开展沪宁高速公路扩建前期研究工作,经过一年半的研究、咨询、论证,最后选择了两侧拼接为主、局部分离的扩建方式,扩建规模为四车道扩建为八车道。2003 年 10 月开工建设,2005 年 6 月半幅建成正常运行,2005 年 12 月 31 日全线主体工程建成通车,全线恢复正常运营,2006 年 6 月全面建成,提前 1 年完成了建设任务。

沪宁高速公路扩建工程是在不中断交通的条件下完成的,工程实施中既充分考虑了老路利用路面、结构物、交通工程等,又对老路存在的病害进行了较为彻底的整治,工程建设既讲究高质量又避免了盲目追求高指标,在技术指标合理利用和旧材料利用方面取得了明显的成绩。沪宁高速公路扩建工程的建设模式不同于沈大高速公路和杭甬高速公路,具有其自身的特点。扩建中和扩建后的沪宁高速公路如图1-4和图1-5所示。

图1-4　扩建中的沪宁高速公路

图1-5　扩建后的沪宁高速公路

在分析现有国外高速公路扩建工程资料的基础上,可以得到以下结论:

国外高速公路建设起步早,规划相对超前,地域辽阔的美国、加拿大等国家多采取了宽中央分隔带的布置方式,无形中为扩建提供了方便;在中央扩建不能满足要求时优先采用了两侧拼接扩建;在多车道高速公路交通组织上,美国和加拿大大量采用了分离断面或集散加快速的处理方式。

尽管我国高速公路建设时间不长,但由于建设规划与建设资金、经济发展的不协调,加上道路车辆组成的特殊性,导致了很多经济发达地区早期建设的四车道高速公路过早进入准饱和状态,降低了道路的服务水平,直接或间接地影响了沿线经济的发展。从目前,我国已扩建高速公路可以看出,两侧拼接的扩建方式是四车道扩建为八车道的首选方式,得到了相关工程的实际论证。考虑到扩建工程的特殊性,每个工程都存在局部的特殊方案,这些方案构成了高速公路扩建工程的创新点。

近年来,我国公路桥梁建设取得了举世瞩目的进展,然而随着交通事业的发展和在役桥梁使用年限的增加,桥梁结构的病害问题日益突出。据全国公路普查资料,截至 2007 年底,我国共有公路桥梁 570016 座/23191812 延米,其中危桥 98623 座/3068704 延米。

我国公路运输网络中修建于各个时期不同设计荷载的桥梁共同处于使用状态,有不少设计荷载偏低的桥梁担负着日益繁重的交通运输任务。由于技术标准、设计建造技术水平差异,以及环境影响、荷载作用,尤其是近年来交通量的快速增长,许多老旧桥梁出现整体承载力不足,混凝土露筋锈蚀、酥松剥落、老化、磨损、裂缝等问题,严重影响了道路的通行能力与安全。另外,随着时间的推移,旧桥、病桥、危桥的数量不断增多,势必威胁到公路运输网络的安全,但对这些桥梁全部进行拆除重建显然是不现实、不合理的,通过加固改造保障结构安全、延长使用寿命,在经济、环境保护、社会效益等方面都是一种必然的选择。如何控制管理公路桥梁的维修加固质量、达到预期效果,已成为一项迫切需要解决的课题。

我国各地自 20 世纪 80 年代初开始实施公路桥梁维修加固工程,最初的维修加固方式大多为对结构损伤部位进行修复和补强,以阻止结构损伤部位的性能继续恶化,消除损伤隐患,提高结构的可靠性和使用功能,延长结构使用寿命,如石桥塞缝灌浆、拱桥顶推等工艺。近年来,随着公路桥梁维修加固工程的不断发展,各类维修加固技术陆续涌现并已成熟,主要包括承载力加固、使用功能加固、耐久性加固和抗震加固等方式,具体采用的技术主要包括增大构件截面、粘贴加固、体外预应力加固、下部结构加固、改变结构体系等,这一系列新技术、新工艺、新材料的运用,使桥梁维修加固成为一个新的工程领域。

随着我国经济发展,公路交通运输的压力进一步增大,危、旧桥梁对公路运输的安全性威胁愈发凸显,各地对这一问题的重视程度不断提高,在桥梁维修加固方面的投入也逐步加大,危、旧桥梁的维修加固项目越来越多、规模越来越大。但由于各地在桥梁维修加固工程中的管理模式存在差别,对市场、技术、质量等管理方面的控制手段千差万别,缺乏统一、适用的验收方法,使桥梁维修加固工程的质量出现参差不齐、验收标准不一、验收责任不明等问题,导致投入运营的桥梁维修加固质量缺乏保障。

1.2 既有公路构造物再利用工程竣(交)工验收问题

由于既有公路构造物维修加固工程自身特点以及相关法规的不完善,往往造成了桥梁维修加固工程验收工作存在依据不充分、程序不统一、内容不明确、方法不合理、质量评分与质量等级不适用等一系列问题。

而竣(交)工验收是针对工程进度情况所做的工序、试验、往来文件等各类资料的核查,它能够真实地反映项目施工的各个阶段、检测工程项目的施工质量,对于具有隐蔽和建成后不容易察看的工程,更是具有不可替代的作用。但资料的积累、收集、分类和统计是一项比较琐碎的工作,容易被忽视,目前公路工程竣工资料整理过程中常见的问题有以下几个:①公路构筑物维修加固工程验收工作存在依据不充分、程序不统一、内容不明确、方法不合理、质量评分与质量等级不适用等一系列问题。②套用有关分项工程相同的项目,首先把分项工程检测项目和相同的内容收录下来,然后复印,最后在复印件上把不一样的数据收录进去。这种初始数据的产生办法不适合档案数据需存储原始文件的条件。③维修加固工程缺陷责任期不明确。目前的《公路工程竣(交)工验收办法》中明确了公路工程维修加固等养护工程的缺陷责任期，建议增加维修项目缺陷责任期1年，加固项目缺陷责任期2年或更长。④《公路桥梁加固设计规范》(JTG/T J22—2008)和《公路桥梁加固施工技术规范》(JTG/T J23—2008)正处于大量应用阶段。但随着新技术、新材料的推广应用，该规范需要进一步完善，建议对设计规范中理论计算公式的适用性进行进一步检验，对施工规范中施工质量检验标准进行进一步完善。⑤旧桥维修加固是在原桥承受恒载的基础上进行的，维修加固措施多数表现为结构二次受力，如何使方案可以实施，使新旧结构共同受力，使原结构安全，是其方案科学性与经济性的体现，因此，检测单位、设计单位、施工单位之间的深入沟通是良好实施效果的基础，三者联合技术攻关对旧桥维修加固来说是一个好的途径。

第 2 章　桥梁维修加固工程质量管理的必要性

2.1　桥梁维修加固工程验收与新建工程验收的差异

公路新建工程属于建设管理范畴,在各级交通行政主管部门中由建设管理机构进行管理,如各省交通运输厅建设处等。新建工程的建设资金来源包括政府拨款、银行贷款、企业投资、民间集资等多种渠道。

经过多年培育,公路新建工程的市场化程度较高,项目招投标制度、项目法人负责制度、合同管理制度、监理制度等均较完善,整体管理水平较高。

公路新建工程相对于桥梁维修加固工程往往工程规模较大、施工周期较长,各级政府和行业主管部门也比较重视,政府主管部门及从业单位在新建工程中投入的人力物力均相对充裕,各类技术标准、规范规程较齐全,各方面的管理体系和规章制度较为健全。

公路新建工程的验收工作相对较为规范,公路新建工程验收工作依照《公路工程竣(交)工验收办法》及《公路工程竣(交)工验收办法实施细则》,无论是政府主管部门,还是建设单位、设计单位、监理单位以及施工单位都对本单位在验收工作中所承担的责任、具体的工作程序、负责的工作内容等比较明确,从而保证了公路新建工程的验收工作顺利开展。

桥梁维修加固工程大多属于养护管理范畴,在各级交通行政主管部门中由养护管理机构进行管理,如各省交通运输厅养护处,也有一部分桥梁维修加固工程属于改建工程,由建设管理机构进行管理。各类管理体系和规章制度不甚健全,有些地方又存在着多头管理等问题。行业管理仍归属于交通行政主管部门,最终验收仍应由交通行政主管部门执行。

桥梁维修加固工程资金来源相对单一,绝大多数桥梁维修加固工程的资金来源于养护经费和财政拨款,部分经营性公路的桥梁维修加固工程资金来源于企业经营收费或银行贷款。

相对于新建工程,桥梁维修加固工程市场化程度较弱,部分地区的桥梁维修加固工程并未实行招投标管理与监理制度;由于桥梁维修加固工程经常采用新技术、新工艺、新材料,往往设计单位、施工单位、材料供应单位等为同一家单位,对行业主管部门以及项目法人与监理单位的规范管理造成一定影响。

实际工作中,很多项目参照或套用现行的《公路工程竣(交)工验收办法》及《公路工程竣(交)工验收办法实施细则》对桥梁维修加固工程进行验收。尽管两者有不少相似之处,但由于上述差别,造成了桥梁维修加固工程验收工作的一些实际问题,如各从业单位对桥梁维修加固工程验收工作的依据、时限、具体工作程序、评价方法以及验收结论等问题往往不能形成一致意见。

公路新建项目与公路桥梁维修加固项目均属于公路工程,验收主体都是工程项目所属的交通行政主管部门,但是由于桥梁维修加固工程与新建工程的差异较大,而现行《公路工程竣(交)工验收办法》主要针对新建、改建工程,对于桥梁维修加固工程并不完全适用。因此,迫切需要针对桥梁维修加固工程制定一套行之有效的验收规定,进一步规范桥梁维修加固工程验收,以利于桥梁维修加固工程持续健康发展。

2.2　桥梁维修加固工程质量控制的必要性

工程项目验收是基本建设程序中的一个重要环节。项目通过竣工验收标志着工程建设期的结束和使用期的正式开始。项目验收是工程建设质量控制的最后一道关卡,公路工程项目建设单位、监理单位、施工单位需要在项目交工验收阶段对工程建设质量进行总体评价,政府主管部门需要在竣工验收阶段对工程建设质量进行检查鉴定,并对工程能否交付使用做出最终结论。

对于桥梁维修加固工程也是如此,必须是质量合格的项目才能投入运营。一个维修加固项目要经过检测、设计、施工等过程,有多方参与,涉及面较广,影响因素较多,受既有结构、现场条件的约束,工程质量须进行全面验收,才可明确合格与否。因此,桥梁维修加固工程同样需要验收,对质量起到把关的作用。

2.3　桥梁维修加固工程规范管理的必要性

项目验收工作应当分清政府主管部门及各从业单位的职责,明确各自的权利和义务,这样不但有利于项目验收工作的客观、公正、合理,也对政府主管部门及各从业单位在工程建设期合理开展工作起到推动作用,对于规范政府主管部门及各从业单位的管理行为具有重要意义。

研究完善桥梁维修加固工程验收方法,有助于明确政府主管部门及相关从业单位在桥梁维修加固工程中的职责,推动桥梁维修加固工程的相关各方规范管理,有利于桥梁维修加固工程管理体系健康有效地运转。

2.4　桥梁维修加固工程后评价的必要性

工程验收除了要检查工程质量,还要对工程项目完成后的整体效果进行评价,总结工程实施的经验教训。通过验收工作,不但可以全面、系统地总结建设项目本身的成败得失、经验教训,同时可以总结工程直接参建单位及相关单位在建设期间各项工作的经验教训,为以后的建设项目和建设管理工作提供借鉴,不断发扬光大成功经验,汲取失败教训,克服存在的不足,促进工程建设项目及建设管理水平的提高。

完善桥梁维修加固工程的验收方法,同样有利于评价总结桥梁维修加固成果,为政府主管部门提供下一步决策的依据,为相关从业单位提供桥梁维修加固经验,有效促进桥梁维修加固。

第3章 公路维修加固工程竣(交)工验收

3.1 桥涵结构物维修加固工程的主要特点

桥梁维修加固工程具备以下特点：
投资规模普遍较小，施工周期大多较短，工程约束条件多，新技术、新工艺、新材料、新设备运用较多，项目分散等。

3.1.1 项目规模小

在对北京、浙江、陕西、广东等省(自治区、直辖市)的走访调查中，初步统计了各省(自治区、直辖市)近年来桥梁维修加固工程的投资规模，其中投资100万元以下的桥梁维修加固工程约占50%以上，投资100万～500万元的桥梁维修加固工程约占30%左右，投资500万元以上的不足10%。

根据以上统计及其他调查，各省(自治区、直辖市)桥梁维修加固工程规模基本在500万元以下，特别是投资规模在100万元以下的工程占有较大比例。

3.1.2 施工周期短

绝大多数桥梁维修加固工程施工周期较短，从施工单位进场至工程完工投入试运营基本能控制在3个月以内，最长一般不超过6个月，有些桥梁维修加固工程甚至不需要中断社会交通，在开放或部分开放交通的情况下快速完成。因此，桥梁维修加固工程相对于新建工程具有施工周期短的显著特点。

3.1.3 约束条件多

公路桥梁维修加固工程虽然不像公路新建工程需要征地拆迁等前期工作，但由于公路桥梁维修加固工程是在既有结构上进行施工，因此往往受到既有结构的影响，施工作业面有限，施工作业困难。特别是既有结构往往是病桥、危桥，在维修加固过程中既要保证既有结构的病害不再进一步发展，又要通过合理有效的方法对病害进行处理，确保维修加固后的结构满足荷载要求，因而对施工组织、施工工艺等要求较高。

部分桥梁维修加固工程在不中断交通的施工条件下进行，交通荷载变化、社会交通安全等因素也制约着桥梁维修加固工程的实施。

3.1.4 使用新技术、新工艺、新材料与新设备

随着科学技术和施工水平的不断提高，桥梁维修加固工程中无论是较为简单的混凝土裂

缝修补，还是增加构件截面、粘贴加固、体外预应力加固、改变结构体系等加固方式，均会运用大量的新技术、新工艺、新材料和新设备。这些新事物的出现，一方面促进了桥梁维修加固工程的效率不断提升，另一方面也提出了如何客观、公正地评价新技术、新工艺、新材料和新设备实施效果的问题。

由于现行规范标准中未包含桥梁维修加固工程中使用的新技术、新材料、新工艺的检验指标与标准，造成一些桥梁维修加固工程完工之后无法检验评定工程质量水平，从而出现无法通过验收的问题。

3.1.5 项目量多、分散

由前述统计资料可知，我国公路桥梁维修加固的数量较多，散布于不同路线、不同地区，桥梁维修加固工程的验收应充分考虑这个特点。

3.2 公路路基利用的主要特点

既有公路路基的拓宽，由于受到既有公路建设时的社会经济水平、技术水平和建设思想的制约，或者公路已经接近使用年限，抑或老路本身的等级比较低等，有相当一部分已经不能满足高速公路的要求，有的已经出现了比较严重的路基、路面病害，甚至路基本身并不稳定。如路基沉陷、路面纵向及横向开裂、路基含水率超高等。

引起路基非稳定的病害成因与影响因素众多，路基非稳定制约了高速公路常规路基拓宽的理念。不同的非稳定路基有不同的病害，本身的稳定性就不同，对新路基拓宽的影响也不同，也就有着不同的拓宽方法与方式。

近年来，实践证明，在对老路病害成因不清楚的情况下，盲目将其作为稳定路基按常规方法进行路基拓宽，一方面原路基得不到整治，另一方面导致新路基的变形、破坏与失稳，造成财力的极大浪费。在已完成的改扩建工程中也存在着一些技术问题，工程营运效果还有待时间的考验。工程实践中提出了一些新的问题亟待解决，主要表现在以下两个方面。

（1）既有公路的病害问题

由于有的既有公路等级偏低，在修筑原路基时，软基处理或路基压实度达不到高速公路要求，以至于有的地段路基并不稳定，需要考虑老路部分本身如何进行改造以适应高速公路等级要求。另外，新建路基呈倒梯形反压在老路堤边坡上，紧贴着病害路基，如果不对新老路基衔接部位采取特殊的处理，势必影响新建路基的稳定。因此，也涉及新老路基衔接部位的处理方案问题。

（2）新老路基间的差异沉降问题

原有路基经过多年运营，沉降已基本完成，在其边坡上进行扩建填筑，新填的土方和运营后的汽车荷载必然会引起既有路基的附加沉降，并且在新老路基之间产生相对过大的差异沉降，进而引起既有路基变形，严重时则出现路基拉裂、下沉过速等病害，会对高速公路的正常运营带来难以估量的不良后果。

3.3 公路构造物维修加固工程验收的主要问题

3.3.1 法规依据

《公路工程竣(交)工验收办法》第二条规定:"本办法适用于中华人民共和国境内新建和改建的公路工程竣(交)工验收活动。"上述条文可以理解为作为改建项目立项的桥梁维修加固工程,应按该办法规定开展交工验收及竣工验收工作,但办法未明确指明大、中、小修养护工程或是专项工程验收是否可参照该办法执行,且交通运输部并未对新建和改建工程以外的公路工程验收工作作出其他明确规定,因此相当数量大、中、小修养护项目的桥梁维修加固工程的验收工作无法可依。

各地在实际操作中虽然大多参照《公路工程竣(交)工验收办法》对公路构造物维修加固工程进行验收,但在验收过程中做法不尽相同,在组织形式、验收程序、验收内容、验收结论以及验收资料等方面亟待规范。在调查过程中,各地交通主管部门及从业单位也极力呼吁尽快出台相关法规,以利于进一步做好公路构造物维修加固工程的验收工作。

3.3.2 合并验收

《公路工程竣(交)工验收办法》第三十一条规定:"对于工程规模较小、等级较低的小型项目,可将交工验收和竣工验收合并进行。规模较小、等级较低的小型项目的具体标准由省级人民政府交通主管部门结合本地区的具体情况制定。"

对于工程规模较小、等级较低的小型项目,采取合并验收这一方式的主要目的是提高验收工作的效率。按《公路工程竣(交)工验收办法》的规定,竣工验收应在交工验收两年后进行,对于小型项目来讲,交工验收两年后再进行竣工验收明显时间过长,对于项目管理、资金运转等产生不利影响。若采用合并验收的方式,则可大大提高工作效率,降低相关单位的时间成本和管理成本。

大多数公路构造物维修加固工程似乎符合"工程规模较小、等级较低的小型项目"的标准,但实际上"规模较小、等级较低的小型项目"的具体标准并不明确,因此研究制定合并验收的项目标准也是完善桥梁维修加固工程验收工作的重要内容。

《公路工程竣(交)工验收办法》及其实施细则中对于合并验收可简化哪些程序、如何做出验收结论等具体操作内容尚无明确规定。为此,有必要研究对于符合合并验收标准的公路构造物维修加固工程如何在《公路工程竣(交)工验收办法》的基础上进行程序简化,同时又能得出合理的工程验收结论。

3.3.3 质量检验与评分

依照《公路工程竣(交)工验收办法》,公路工程质量评定分为两阶段进行。

交工验收阶段,依据《公路工程质量检验评定标准 第一册 土建工程》(JTG F80/1—2004)对工程质量进行评分,并评定工程质量等级。

竣工验收阶段,依据《公路工程竣(交)工验收办法》中附件一《公路工程质量鉴定办法》

的规定对工程质量进行鉴定评分,并评定工程质量等级。

当前公路工程质量评定的体系为施工单位自我评定→监理单位抽检评定→建设单位审定→质量监督部门鉴定。即施工单位对各分项工程按照《公路工程质量检验评定标准 第一册 土建工程》(JTG F80/1—2004)的要求对工程质量进行自我评定;监理单位按规定要求对工程质量进行独立抽检,对施工单位检评资料进行签认,对工程质量进行评定;建设单位根据对工程质量的检查及平时掌握的情况,对工程监理单位所做的工程质量评分及等级进行审定;质量监督机构依据《公路工程竣(交)工验收办法》中附件一《公路工程质量鉴定办法》的规定对工程质量进行鉴定评分,并评定工程质量等级。

上述两阶段质量评定所依据的评定方法不同,但两阶段检验评定与鉴定程序基本一致,均是在满足基本要求或总体要求的基础上对实测指标进行检验,以实测项目的不同权值加权平均计算实测项目合格率,得出实测项目得分,再进行外观缺陷扣分及资料扣分,最终得出工程质量评分和质量等级。

两阶段质量评定的程序基本相同,但评定方法存在一些差异。

(1)评定单元不一致

在公路工程质量评定体系中,施工单位、监理单位、建设单位均按照《公路工程质量检验评定标准 第一册 土建工程》(JTG F80/1—2004)的规定对合同段工程进行分项工程、分部工程、单位工程划分,该划分在施工准备阶段进行,划分结果经监理工程师审批,在三家单位的工程管理与质量评定中统一实施,质量评定的最小单元为分项工程。

而质量监督部门依据《公路工程竣(交)工验收办法》中附件一《公路工程质量鉴定办法》的要求对工程项目进行划分,仅划分单位工程和分部工程,质量监督部门质量鉴定的最小单元为分部工程,且此分部工程与施工单位划分并经监理审批的分部工程不一致。

(2)检验指标与检验方法不一致

《公路工程质量检验评定标准 第一册 土建工程》(JTG F80/1—2004)与《公路工程质量鉴定办法》对相同结构部位的检验指标和检验方法不一致。

如桥梁墩台及盖梁部分,《公路工程质量鉴定办法》仅要求对桥梁下部结构的墩台混凝土强度、主要结构尺寸及墩台垂直度三项指标进行检验,而《公路工程质量检验评定标准 第一册 土建工程》(JTG F80/1—2004)则要求对混凝土强度、断面尺寸、竖直度、顶面高程、轴线偏位、节段间错台、大面积平整度以及预埋件位置等多项指标进行检验。

(3)质量评分计算方法不一致

《公路工程质量检验评定标准 第一册 土建工程》(JTG F80/1—2004)以分项工程为最小质量评定单元,每一分项工程经基本要求检查→实测项目计分→外观缺陷减分→资料不全减分4个步骤得出分项工程质量评分,并以75分为限评定分项工程合格与否;在分项工程质量评分和等级评定的基础上,按照工程项目划分逐级计算分部工程、单位工程、合同段和建设项目质量评分及质量等级评定。

$$分项工程实测得分 = \frac{\sum(检查项目得分 \times 权值)}{\sum 检查项目权值}$$

$$分项工程评分值 = 分项工程得分 - 外观缺陷减分 - 资料不全减分$$

$$分部(单位)工程评分值 = \frac{\sum[分项(分部)工程评分值 \times 相应权值]}{\sum 分项(分部)工程权值}$$

《公路工程质量鉴定办法》以分部工程为最小质量评定单元,在合同段项目整体符合"总体要求"的前提下,对分部工程实测项目进行检查,根据实测项目合格率加权平均计算分部工程实测得分,减去分部工程外观缺陷扣分得出分部工程质量评分。然后根据分部工程质量评分采用加权平均值计算单位工程得分,再逐级加权计算合同段工程质量得分。内业资料减分在合同段质量得分的基础上扣减,累计不超过 5 分。

$$分部工程实测得分 = \frac{\Sigma(抽查项目合格率 \times 权值)}{\Sigma 权值} \times 100$$

$$分部工程得分 = 分部工程实测得分 - 外观扣分$$

$$单位工程得分 = \frac{\Sigma(分部工程得分 \times 权值)}{\Sigma 权值}$$

$$合同段工程质量得分 = \frac{\Sigma(单位工程得分 \times 单位工程投资额)}{\Sigma 单位工程投资额} - 内业资料扣分$$

$$建设项目工程质量鉴定得分 = \frac{\Sigma(合同段工程质量鉴定得分 \times 合同段工程投资额)}{\Sigma 合同段工程投资额}$$

评定单元不一致、检验指标与检验方法不一致、质量评分计算方法不一致,很有可能造成交工验收与竣工验收的评定结论不具备可比性。对于新建工程来说,由于评定主体不同、侧重点不同等因素,两阶段不同的质量检验评定方法有其部分合理性。

但公路构造物维修加固工程大多规模较小、周期较短,若完全采用《公路工程竣(交)工验收办法》规定的两阶段质量检验评定显然过于烦琐,且《公路工程质量检验评定标准 第一册 土建工程》(JTG F80/1)2004 年版和 2017 年版及《公路工程质量鉴定办法》并未包含桥梁维修加固工程中的一些新技术、新工艺、新材料所需的检验指标与标准。在实际操作中,往往造成施工单位、监理单位、建设单位以及质量监督机构无法对桥梁维修加固工程质量作出客观公正的评价,竣工验收主持单位无法对工程质量作出最终结论,甚至出现大量桥梁维修加固工程完工多年之后仍未进行竣工验收的问题。

需要注意的是,目前《公路工程质量检验评定标准》(JTG F80/1—2017)的质量评定已完成了从综合评分评分法向合格率法的转变,分项、分部和单位工程均不再评分,而《公路工程竣(交)工验收办法》尚未完成修订,过渡期间按交通运输部《关于公路工程验收执行新版公路工程质量检验评定标准有关事宜的通知》(交办公路〔2018〕136 号)的规定执行。可以预见,公路构造物加固维修工程的质量检验评定也最终会完成向合格率体系的调整。《公路养护工程管理办法》第四十条指出,公路养护工程具体验收办法可由各省级交通运输主管部门制定。

3.3.4 质量等级

依照现行《公路工程竣(交)工验收办法》,交工验收阶段由监理单位按照《公路工程质量检验评定标准 第一册 土建工程》(JTG F80/1—2017)的要求对工程质量进行评定,建设单位进行审定,其中工程质量仅评定合格与不合格两个等级,并不涉及优良等级。竣工验收阶段则将交工验收工程质量得分与质量监督机构工程质量鉴定得分以及竣工验收委员会对工程质量评定得分进行加权平均,最终得出竣工验收工程质量评分,并依据竣工验收工程质量评分对工程质量评定优良、合格、不合格三个等级。

在调查过程中发现,各地桥梁维修加固工程往往最终仅评定工程质量合格与否,很少出现桥梁维修加固工程评定为优良等级的现象。主要原因：一是由于检验体系并不完善，检验指标仍有欠缺，依照一些常规检测方法不足以做出工程质量优良的结论；二是桥梁维修加固工程普遍规模较小，优良与否并不能影响主管部门及从业单位的总体工作业绩，评优需求不充分。

综上所述，由于公路构造物维修加固工程自身特点以及相关法规的不完善，造成了桥梁维修加固工程验收工作存在依据不充分、程序不统一、内容不明确、方法不合理、质量评分与质量等级不适用等一系列问题。

3.4 公路构造物维修加固工程验收的主要依据

3.4.1 验收目的

公路桥梁是公路交通网络中的咽喉和关卡，维护公路交通网络的安全是各级交通行政主管部门的工作重心之一。随着使用年限的增加以及外部因素影响，公路交通网络中的旧桥、病桥、危桥不断出现，为确保公路运输网络安全，公路桥梁维修加固工程已经成为一项重要工作，而如何对公路桥梁维修加固工程做出评价也是政府主管部门及从业单位重点关注的内容之一。

公路桥梁维修加固工程验收工作的目的是客观、合理地评价公路桥梁维修加固工程质量以及从业单位工作质量，保障公路交通网络安全运营。

桥梁维修加固工程验收是评价维修加固效果的主要手段，是工程项目的关键时间节点，也是相关部门和单位进入下一步工作的重要依据。验收合格的工程项目方可投入正式运营，无论是社会公众、政府主管部门，还是建设单位、设计单位、监理单位、施工单位以及养护单位等相关从业单位，都需要依据工程验收的结论对桥梁维修加固工程的效果作出判断，相关部门与单位也需要依据验收结论相应进行资金拨付、移交养护等工作，从而保证政府部门以及工程项目参与各方的责任和权利得到落实。

3.4.2 验收的法规基础

《公路工程竣(交)工验收办法》是针对公路工程公益属性及我国公路工程管理体系制定的验收办法，对于公路工程项目验收工作具有不可替代的普遍指导意义。公路桥梁维修加固工程属于公路工程范畴，同样具有公路工程的公益属性，自然也纳入公路工程管理体系进行管理。

2018年3月2日，交通运输部为深化公路养护招投标改革、规范养护站管理，为使公路及附属设施经常处于良好的技术状态，节约养护费用支出，进一步加强日常养护规范化管理，提高养护管理水平，颁布了《公路养护工程管理办法》。

《公路工程竣(交)工验收办法》明确了公路工程验收工作的宗旨与原则，目前公路工程新改建项目均依照执行，虽然现行《公路工程竣(交)工验收办法》并未明确提出适用于公路大修工程，但各地大修养护工程验收工作实际也基本参照该办法执行。

公路桥梁维修加固工程既有养护工程立项也有改建工程立项。改建工程立项的桥梁维修加固工程应依照《公路工程竣(交)工验收办法》和《公路养护工程管理办法》开展验收工作，作为养护工程立项的桥梁维修加固工程验收则可参照《公路工程竣（交）工验收办法》和《公路养护工程管理办法》执行，即将《公路工程竣（交）工验收办法》和《公路养护工程管理办法》作为公路桥梁维修加固工程验收工作的基础。

这一做法，既符合桥梁维修加固工程的公路工程属性，也能满足《公路工程竣（交）工验收办法》和《公路养护工程管理办法》所确定的公路工程验收工作的精神与原则，同时也便于政府主管部门及相关从业单位按照已有的方式开展验收工作，有利于保证桥梁维修加固工程验收成果的客观准确。

3.4.3 验收依据

在公路桥梁维修加固工程项目验收过程中，应参照《公路工程竣（交）工验收办法》和《公路养护工程管理办法》的规定，检查工程项目是否符合国家颁布的有关技术标准、规范、规定和批准的可行性研究报告、设计文件、合同文本以及相关行政主管部门根据国家法律、法规、规定进行的批复、批示。通过项目验收，将所有与工程项目有关的规定、制度、标准、批复要求和行业规定与建成的实体工程、建设管理情况进行对照，检查工程实体是否达到和满足安全使用的要求，建设过程中是否认真贯彻执行了国家的有关规定、技术标准。

《公路养护工程管理办法》（交公路发〔2018〕308号）第四十四条规定，公路养护工程验收依据主要包括：

（1）养护工程计划文件；
（2）养护工程合同；
（3）设计文件及图纸；
（4）变更设计文件及图纸；
（5）行政主管部门的有关批复文件；
（6）养护工程有关标准、规范及规定。

3.4.4 合并验收

现行《公路工程竣（交）工验收办法》和《公路养护工程管理办法》规定的竣（交）工验收分离的形式比较符合行业现状与特点。由于公路新建及改建项目通常实施周期较长、大多为政府投资的公益项目且与公众利益密切相关，采用竣（交）工验收分离的形式能够较好地发挥政府主管部门对工程项目的监督把关作用，保证政府和公众利益不受损害，特别是在一些大规模新建项目中作用显著。

《公路工程竣（交）工验收办法》规定的交工验收、竣工验收分别进行的要求其本质是为了区别政府主管部门与参建单位的责任。交工验收是工程合同各方之间的经济行为，是工程建设项目法人实施工程管理的一项工作，而竣工验收是对整个建设项目完成情况的考核、检查、总结和评价，是项目法人将已完成的建设项目交付给作为社会事物管理者及公众代表的政府，同时在政府组织下，对建设成果进行考核，对建设项目以及参建单位进行最终评价。因此，《公路工程竣（交）工验收办法》对公路新建、改建工程的适用性较强。

但由于桥梁维修加固工程大多规模较小、周期较短，若完全依照竣（交）工验收分离的形式，在完成交工验收两年后再进行竣工验收存在一定困难，且《公路工程竣（交）工验收办法》

第三十一条规定"对于工程规模较小、等级较低的小型项目,可将交工验收与竣工验收合并进行"。据此规定,结合公路桥梁维修加固工程本身特点,对于符合《公路工程竣(交)工验收办法》第三十一条关于合并验收之规定的桥梁维修加固工程验收,宜采取合并验收的方式对工程项目进行验收,并通过适当简化验收程序,提高验收工作效率和可操作性。但合并验收的方式只是通过简化程序,提高验收工作效率,并不能免除从业各方及政府主管部门在验收工作中的责任。

合并验收的具体操作方法是取消交工验收的组织形式,对工程项目仅组织一次最终验收,即竣工验收。但取消交工验收的组织形式并不能免除项目法人和相关参建单位在交工验收中的责任,也不代表项目法人和相关参建单位不必进行交工验收的相关工作内容。合并验收的方式要求项目法人和相关参建单位仍应在竣工验收前按照《公路工程竣(交)工验收办法》的要求完成交工验收所需要完成的交工验收程序、内容,项目法人应在工程投入试运营前做出同意工程进入试运营期的结论。

《公路工程竣(交)工验收办法》规定适用于合并验收的"规模较小、等级较低的小型项目"的具体标准可由省级人民政府交通主管部门结合本地区的情况制订。根据调查情况推荐以投资规模500万元为标准,即投资规模500万元及以下的公路桥梁维修加固工程可采用合并验收的方式,投资规模在500万元以上的桥梁维修加固工程数量较少,且规模大、技术相对复杂,这类工程仍应严格按照《公路工程竣(交)工验收办法》的规定开展验收工作。

3.4.5 验收时限

《公路工程竣(交)工验收办法》规定竣工验收应在交工验收完成并通车试运营两年之后,其目的是通过试运营发现工程可能存在的质量问题,有利于对工程总体质量和使用效果的全面评价,同时督促项目法人和参建单位增强质量意识,充分落实质量终身责任制。另一方面,留给项目法人和参建单位两年时间处理交工验收发现的质量问题及完成工程决算、资料整理归档等工作。

具有规模小、周期短等特点的桥梁维修加固工程,若仍按《公路工程竣(交)工验收办法》的规定在通车试运营两年之后组织竣工验收却不尽合理。一方面通车试运营时间过长,随着交通荷载作用及外部环境因素影响,不易准确评判维修加固的效果,另一方面时间过长也削弱了通过合并验收来降低时间成本与管理成本的意义。

采取合并验收形式的公路桥梁维修加固工程意味着工程项目仅组织一次最终的竣工验收,但仍应留出足够的时间通过通车试运营检验工程质量、发现质量问题,同时留出充足时间给项目法人和参建单位以及质量监督机构完成交工验收所规定的相关内容和结论,并完成竣工验收的准备工作。

在研究过程中有专家提出,桥梁维修加固工程应在工程完工后立即验收,也有专家提议完工一年之后进行验收。研究认为,完工后不进行试运营立即组织验收不符合《公路工程竣(交)工验收办法》关于区分验收责任主体的精神,不利于通过试运营发现工程质量问题,验收结论无法做到客观、准确;而完工一年后组织验收又弱化了合并验收的意义。因此,推荐桥梁维修加固工程竣工验收宜在通车试运营半年之后进行,且不宜超过一年,这样既达到了通过试运营发现质量问题、保证验收结论客观准确的目的,又给项目法人和参建单位以及质量监督机构留出了时间完成项目验收的相关工作。

同时,《公路养护工程管理办法》中规定技术复杂程度高或投资规模较大的养护工程按交工验收和竣工验收两阶段执行,其他一般养护工程按一阶段验收。执行适用于一阶段验收的养护工程项目一般在工程完工交付使用后6个月内完成验收;适用于两阶段验收的养护工程项目,在工程完工后应当及时组织交工验收,一般在养护工程质量缺陷责任期满后12个月之内完成竣工验收。养护工程质量缺陷责任期一般为6个月,最长不超过12个月。

从工程项目管理角度讲,通车试运营半年至一年期间,建设单位、监理单位、施工单位等应该已经完成了质量评定、缺陷处理、资料整理、工程决算等相关工作,具备了项目竣工验收的条件,政府主管部门及质量监督机构也有足够的时间完成质量鉴定及竣工验收准备工作。

从工程实体角度讲,通车试运营半年后,桥梁已经经过半年时间的运营考验,维修加固的效果基本能够判定;另一方面,若通车试运营一年之后,由交通荷载、自然环境等其他因素所产生的影响叠加到工程实体上,对于准确判断维修加固效果不利。

从上述角度分析,适用于一阶段验收的养护工程项目一般在工程完工交付使用后6个月内完成验收;适用于两阶段验收的养护工程项目,在工程完工后应当及时组织交工验收,一般在养护工程质量缺陷责任期满后12个月之内完成竣工验收。养护工程质量缺陷责任期一般为6个月,最长不超过12个月比较合理,并且具备可行性。

3.4.6 验收条件

桥梁维修加固工程采用合并验收的方式并不免除项目法人及参建各方在工程验收中的责任,项目法人仍应在提交竣(交)工验收申请前完成《公路工程竣(交)工验收办法》规定的交工验收工作内容,对工程做出合格等级的评价并完成竣工验收的其他准备工作。

因此,桥梁维修加固工程竣工验收的条件可以概括为项目法人已对工程做出合格等级的评价,工程项目已投入试运营一段时期,各单位也已完成竣工验收前的其他准备工作。

桥梁维修加固工程的竣工验收既是对参建各方通过合同约定的工作内容的核查,也是对工程建设项目所有建设程序等的全面检查。

竣工验收前工程项目应已完成上级主管部门批复的设计文件所包含的设计内容,施工单位自检合格,监理单位对工程质量评定合格,项目法人根据对工程质量的检查及平时掌握的情况认定工程质量符合合格标准并同意投入试运营。

桥梁维修加固工程竣工验收应在工程全部完工且试运营半年且不宜超过一年之后进行。在通车试运营前,项目法人、设计单位、监理单位、施工单位应依据合同约定、技术规范、验收标准、设计文件等对工程实体、内业资料进行全面检查,指出工程质量、合同履行、内业资料等各个方面存在的问题和其他遗留问题,由项目法人根据检查情况以书面形式确认工程进入试运营期并投入试运营,并在试运营期间对上述问题以及试运营期间发现的问题及时妥善进行处理。

另一方面,在通车试运营期间,有关各方应按照交通运输部的规定按时完成工程决算、竣工文件编制以及工作总结报告等工作内容。在试运营阶段,项目法人要及早动手、合理安排,在竣工验收前完成工程决算、竣工决算的编制工作,并及时申请竣工决算的审计工作。竣工资料的整理工作由参建单位根据所承担的任务分别收集、整理、编制,各参建单位完成后,由项目法人检查各参建单位竣工资料的完整性、全面性、系统性、真实性。

工程完成后,所有参建单位分别根据自己承担的工程项目和所完成的工作任务,对工程实施过程中技术规范和技术标准的执行、国家方针政策和规定的落实、施工组织与管理、合同履约、质量控制、造价控制、新技术的推广应用等多个方面进行总结,提炼成功的做法、经验、技术,指出在各个方面存在的问题、漏洞,对于提高管理水平、技术业务素质等方面均有所帮助。通过交流学习,也可吸收其他单位的成功经验和失败教训,达到取长补短、相互促进的目的。

在竣工验收前,质量监督机构应已按照规定完成对该项目的质量鉴定,并出具正式的质量鉴定报告。

采取合并验收方式的桥梁维修加固工程,竣工验收前应已满足《公路工程竣(交)工验收办法》中关于交工验收的条件,因此,桥梁维修加固工程竣工验收的条件应包括《公路工程竣(交)工验收办法》所规定的交工验收和竣工验收的全部条件。《公路养护工程管理办法》(交公路发〔2018〕308号)第四十五条规定,养护工程验收应当具备下列条件:

(1)完成设计文件和合同约定的各项内容;
(2)完成全部技术档案和施工管理资料整理归档;
(3)施工单位按相关标准、规范和规定对工程质量自检合格;
(4)工程质量缺陷问题已整改完毕;
(5)参与养护工程的相关单位完成工作总结报告;
(6)开展了监理咨询的,监理单位对工程质量评定为合格;
(7)按规定需进行专业检测的,检测机构对工程质量鉴定完毕并出具检测报告;
(8)完成财务决算;
(9)法律、法规、规章规定的其他条件。

3.4.7 验收准备

公路构造物维修加固工程符合竣工验收条件后,项目法人应根据《公路工程竣(交)工验收办法》的规定,按照公路工程管理权限及时向相关交通运输主管部门提出验收申请。

项目法人需按照竣工验收的条件逐条对照检查,所有的工程项目和遗留问题的处理均已完成,经检查核对后认为工程符合竣工验收条件,即可逐级向竣工验收负责单位提竣(交)工验收申请。项目法人提交的竣工验收申请包括竣工验收申请书及其他证明文件:

(1)竣工验收申请书;
(2)项目执行报告、设计工作报告、施工总结报告和监理工作报告;
(3)项目基本建设程序的有关批复文件;
(4)档案、环保等单项验收意见;
(5)竣工决算的核备意见、审计报告及认定意见。

负责竣工验收的交通运输主管部门对项目法人提交的竣工验收申请资料进行详细审查,必要时也可安排现场检查工程实体以及要求项目法人提交其他必要的资料。交通运输主管部门认为项目法人提交的竣工验收申请符合要求的,应通知所属质量监督机构对工程进行质量鉴定。

3.4.8 质量鉴定

质量鉴定是政府主管部门对工程进行验收时判定工程质量状况的主要依据,也是政府主管部门行使行业管理职能的重要手段。桥梁维修加固工程验收同样需要按相应程序进行质量鉴定。

质量监督机构代表政府行使工程质量的监督、检查、鉴定等职责,同时也代表公众利益对由项目法人组织完成的建设项目工程质量进行把关。质量鉴定工作必须严肃认真,严格执行国家有关规定,质量鉴定应做到客观、公正、准确,对存在的质量隐患、工程缺陷、质量事故要如实反映,为交通运输主管部门、竣工验收委员会提供真实、可靠、具有充分依据的质量鉴定报告。

《公路工程竣(交)工验收办法》规定质量监督机构应按照该办法附件一《公路工程质量鉴定办法》规定的程序、方法和内容对工程质量进行鉴定。对于桥梁维修加固工程,《公路工程质量鉴定办法》与《公路工程质量检验评定标准》均未规定桥梁维修加固工程的检验指标与标准,因此,质量监督机构在实际操作过程中往往无法对桥梁维修加固工程实施质量抽检与质量鉴定,造成大量桥梁维修加固工程无法进行最终验收。

另有研究制定了《公路维修工程质量检验评定标准》,该标准可作为质量监督机构对桥梁维修加固工程进行质量鉴定的参考依据。质量监督机构可根据工程实际情况,对标准列出的检验项目中的关键项目以及部分一般项目进行抽检,以监督抽检项目的合格率为依据,必要时审定监理单位抽检资料,结合外观及质量保证资料等情况的检查,对工程质量是否合格作出鉴定,并出具质量鉴定报告。

质量监督机构将质量鉴定报告报送交通运输主管部门,工程质量鉴定等级为合格的项目,交通运输主管部门应及时组织竣工验收。

第4章 公路维修加固工程验收的质量评定

4.1 公路维修加固工程的项目划分

公路工程的单位工程、分部工程和分项工程可按表4-1、表4-2划分。

公路桥梁维修加固工程单位工程、分部及分项工程分类　　　　表4-1

单位工程	分部工程	分项工程
单独特大桥、大桥/成批中小桥	上部结构*	裂缝修补、植筋*、粘贴纤维布、粘贴钢板*、耐久性防护*、增大截面、体外预应力*、荷载试验*
	下部结构*	裂缝修补、植筋*、粘贴纤维布*、耐久性防护*、增大截面、荷载试验*、钢花管注浆锚杆
	基础*	增补桩基础*、荷载试验*、钢花管注浆锚杆
	桥梁附属设施	支座更换*、伸缩缝更换

注：1.特大桥、大桥每桥、每隧道单独为一个单位工程；中桥每10座为一个单位工程；小桥每20座为一个单位工程。
　　2.带*号为主要工程，权重为2；其余为一般工程，权重为1。下同。

公路隧道维修加固工程单位工程、分部及分项工程分类　　　　表4-2

单位工程	分部工程	分项工程
隧道工程	洞口工程*	裂缝修补、植筋*、粘贴纤维布、粘贴钢板*、耐久性防护*
	洞身衬砌*	裂缝修补、植筋*、粘贴纤维布*、耐久性防护*、增大截面、衬砌背面压浆

4.2 公路维修加固工程的质量评定方法

施工单位应在施工准备阶段将公路构造物维修加固工程项目(合同段)划分为单位工程、分部工程和分项工程，并由监理单位审核。对于本指南中未涵盖的分部工程、分项工程，可由建设单位组织课题组、施工单位、监理单位协商确定。

(1)单位工程：在公路构造物维修加固工程中，根据签订的合同，具有独立施工条件的工程。

(2)分部工程：在单位工程中，按不同的加固工程结构部位或施工任务划分的若干分部工程。

(3)分项工程：在分部工程中，按不同的加固方法、材料、工序等划分的若干分项工程。

加固工程质量检验评定均应在施工单位自检合格的基础上进行。分项工程由监理单位组织施工单位项目专业技术负责人进行检验评定。分项工程完工后,施工单位按基本要求、实测项目和外观鉴定的要求进行自检,对工程质量进行自我评定。分部、单位工程完工后,施工单位应汇总所属分项、分部工程质量评定资料,进行外观质量检查,对工程质量进行自我评定。加固工程中的隐蔽工序在隐蔽前,施工单位应通知监理单位进行检查验收,合格后方可继续施工。

公路构造物维修加固工程质量评定应按分项、分部、单位工程、合同段和维修加固工程项目逐级进行检验评定。

4.2.1 工程质量的检验与评分

1)质量检验基本要求

(1)分项工程应按基本要求、实测项目、外观鉴定和质量保证资料等检验项目分别检查。

(2)分项工程质量应在所使用的原材料、半成品、成品及施工工艺等符合基本要求的规定,且无严重外观缺陷和质量保证资料真实并基本齐全时,方可进行检验评定。

(3)分项工程应对所列基本要求逐项检查,经检查不符合规定时,不得进行工程质量的检验评定。

2)实测项目质量检验

(1)对检查项目按照规定的检查方法和频率进行抽样检验,计算合格率。

(2)检查项目合格率应按下式进行计算:

$$检查项目合格率(\%) = \frac{合格的点(组)数}{该检查项目的全部检查点(组)数} \times 100\%$$

$$检查项目得分 = 检查项目合格率 \times 100\%$$

(3)检查项目合格判定应符合下列规定:

①关键项目(在文中以"△"标识)的合格率不得低于95%(属于工厂加工制造的桥梁金属构件为100%),否则该检查项目及所属分项工程为不合格。

②一般项目的合格率不得低于80%,且检测值的偏差不得超过允许偏差的1.5倍,否则该检查项目为不合格。

③有规定极值的检查项目,任一单个检测值都不得突破规定极值,否则该检查项目为不合格。

④采用数理统计方法进行评定的检查项目,不符合要求时,该检查项目为不合格。

⑤监理单位对检查项目的判定结果与施工单位自检评定结果不一致且有争议时,监理单位应按照该检查项目规定的检查频率进行检验评定。

(4)检查项目评为不合格的,应进行返工处理直至合格。无法处理或经检测鉴定达不到设计要求、但经原设计单位或建设单位委托不低于原设计单位资质等级设计单位核算认可能够满足安全和使用功能的,可予以评定。

3)外观鉴定质量检验

对工程外观质量应进行全面检查。对不符合外观质量要求的缺陷,施工单位应采取措施进行整修或返工处理后再进行评定。

4) 质量保证资料质量检验

工程应有真实、准确、齐全、完整的施工原始记录、试验数据、质量检查结果等质量保证资料。缺乏最基本资料，或有伪造涂改者，不予检验。当个别质量保证资料缺失时，应有检测机构出具的实体质量合格检测报告。质量保证资料应包括下列主要内容：

(1) 所用原材料、半成品和成品质量检验结果；

(2) 材料配比、拌和加工控制检验和试验数据；

(3) 地基处理、隐蔽工程施工记录和施工监控资料；

(4) 各项质量控制指标的试验记录和质量检验汇总图表；

(5) 施工过程中遇到的非正常情况记录及其对工程质量影响分析；

(6) 施工过程中如发生质量事故，经处理补救后，达到设计要求的认可证明文件等。

5) 不合格工程的处理

不合格的工程应返工直至合格，其相关质量检验原始资料应作为工程档案组成部分存档备查。

4.2.2 工程质量的评定

(1) 工程质量等级应分为合格与不合格。

(2) 分项工程质量评定合格应符合下列规定：

①检验记录应完整；

②实测项目应合格；

③外观质量应满足要求。

(3) 分部工程质量评定合格应符合下列规定：

①评定资料应完整；

②所含分项工程及实测项目应合格；

③外观质量应满足要求。

(4) 单位工程质量评定合格应符合下列规定：

①评定资料应完整；

②所含分部工程应合格；

③外观质量应满足要求。

(5) 评定为不合格的分项工程、分部工程，经返工、加固、补强或调测，满足设计要求后，可重新进行检验评定。

(6) 所含单位工程合格，该合同段评定为合格；所含合同段合格，该项目评定为合格。

第 5 章　公路维修加固工程验收的组织管理

5.1　公路维修加固工程的验收组织

公路维修加固工程竣工验收是政府交通运输主管部门代表国家和公众利益,行使政府对工程项目的监管职能,是对项目法人负责组织实施的公路桥梁维修加固工程项目完成情况的全面考核、检查、总结和评价。因此,参加竣工验收的人员、单位、部门按照在竣工验收活动中的职责分工,可分为两部分,即竣工验收委员会和竣工验收参加单位。

一般来说,竣工验收委员会由政府职能部门相关人员组成,大多包括交通运输主管部门、公路管理机构、质量监督机构、造价管理机构等单位代表。

公路维修加固工程可按项目管理权限由相应级别的政府职能部门代表组成竣工验收委员会。由省级交通运输主管部门负责竣工验收的项目,竣工验收委员会由省级交通运输主管部门、省级公路管理机构、省级质量监督机构、省级造价管理机构、相关市级交通运输主管部门等单位代表组成。由市级交通运输主管部门负责竣工验收的项目,竣工验收委员会由市级交通运输主管部门、市级公路管理机构、市级质量监督机构、相关县级交通运输主管部门等单位代表组成。由县级交通运输主管部门负责竣工验收的项目,竣工验收委员会由当地政府、县级交通运输主管部门、县级公路管理机构、接管单位等单位代表组成。

竣工验收参加单位的主要任务是向政府主管部门提交工作成果、协助竣工验收委员会开展验收工作。一般包括项目法人、设计单位、监理单位、施工单位、接管单位等。

负责竣工验收的交通运输主管部门或桥梁维修加固工程项目法人可根据工程项目的实际情况,要求承担工程检测任务以及其他相关任务的单位参加。例如质量监督机构委托试验检测机构对工程项目进行质量检测工作,或者在工程建设过程中项目法人委托试验检测机构代表项目法人进行工程质量的检测工作,协助项目法人进行工程质量评定工作等,试验检测机构可参加验收工作。

由于桥梁维修加固工程小而分散的特点,对于较为简单的项目,竣工验收委员会由项目批准单位相关人员组成更为合理。

5.2　公路维修加固工程的验收程序

程序合理是保证验收结果客观、合理的前提,也是保障验收有序进行的条件。公路桥梁维修加固工程竣工验收前,竣工验收负责单位应制定验收工作计划,将验收工作程序、时间安排等告知参加验收的单位,以保证各项工作之间良好衔接。竣工验收的主要程序为:

(1)成立竣工验收委员会

由竣工验收负责单位根据规定初步提出竣工验收委员会建议名单,并在全体会议代表参加的验收会议上通过。竣工验收委员会成立后,验收工作由竣工验收委员会主任主持。

竣工验收委员会可根据工程具体情况成立若干个竣工验收检查组,如外业组、内业组等。竣工验收参加单位代表应积极配合竣工验收委员会工作。

(2)听取项目执行报告、设计工作报告、施工总结报告、监理工作报告及接管养护单位项目使用情况报告

由竣工验收参加单位分别对工程建设项目中各自承担的工作任务进行总结。

(3)听取质量鉴定报告

由质量监督机构宣读对工程建设项目的质量鉴定过程与结论。

(4)验收检查

竣工验收委员会对工程实体质量、竣工图表进行全面检查。也可采取随机抽样的方法对工程实体质量进行检查,对工程质量鉴定报告中指出的问题重点检查,审查有关资料,并形成竣工验收委员会的书面检查意见,作为竣工验收委员会评价工程质量的重要资料。检查意见中应明确工程质量状况,是否满足使用要求和设计标准及相关规定,并指出存在的问题和建议。

(5)确定工程质量等级

竣工验收委员会结合检查情况、质量监督机构出具的工程质量鉴定报告、内业资料的整理情况、关于工程的举报材料、工程质量安全事故等情况,经讨论后最终确定工程质量等级合格或不合格。

竣工验收工程质量为不合格等级的,项目法人应按照竣工验收委员会的意见进行整改,并重新提交竣(交)工验收申请。

(6)参建单位综合评价

竣工验收委员会依据各参建单位所完成的工作内容的工作质量,在充分讨论的基础上对各参建单位进行综合评价,并由质量监督机构根据竣工验收委员会形成的参建单位综合评价填写签发《公路工程参建单位工作综合评价证书》。

(7)建设项目综合评价

竣工验收委员会依据竣工验收认定的工程质量等级、参建单位综合评价以及对工程的检查情况,对建设项目做出综合评价。建设项目综合评价分为合格、不合格两个档次。

(8)公路工程竣工验收鉴定书

竣工验收委员会将上述各项工作形成的结论、评价、意见等进行归纳总结,并签发《公路工程竣工验收鉴定书》。

第6章 公路维修加固工程的验收资料

6.1 公路维修加固工程的验收工作资料

在公路维修加固工程竣工验收工作中应形成下列工作资料：
(1)竣工验收代表名单
竣工验收代表名单是竣工验收会议期间与会代表报到时的签名表，签名表应整理装订，作为竣工文件存档。
(2)竣工验收委员会名单
竣工验收委员会名单是竣工验收工作的重要资料，应存档保管。
(3)竣工验收委员会检查意见
竣工验收委员会通过对工程实体、竣工资料等各方面的检查，形成的书面检查意见，这些资料应作为竣工验收资料的一部分存档。
(4)工程交接单位代表签名表
对通过竣工验收的工程项目，各有关单位应签署工程交接表，标志着工程的移交，此表作为竣工验收活动的重要资料应存档。

6.2 公路维修加固工程的验收结论资料

(1)参建单位工作综合评价证书
由竣工验收委员会讨论形成并由质量监督机构签发的建设项目所有参建单位工作综合评价证书，是对各参建单位在工程项目中工作情况的纪录证明，该证书可作为施工单位、监理单位在以后的工程项目招投标中工程业绩的证明。
(2)公路工程竣工验收鉴定书
竣工验收的最终成果，就是形成并通过工程项目的竣工验收鉴定书，它是对工程全面检查、鉴定后形成的具有权威性的证明材料。通过竣工验收的建设项目，证明工程质量达到了合格等级，建设项目综合评价合格。由负责组织竣工验收的交通运输主管部门代表竣工验收委员会将竣工验收会议上所通过的竣工验收印发给有关部门和有关单位，以此作为工程项目投入正式运营的依据。《公路工程竣工验收鉴定书》的内容包括工程建设的基本信息和对工程质量、参建单位的综合评价、建设项目综合评价、有关决定和有关问题的处理意见等。

6.3 公路维修加固工程的其他竣工资料

参建单位竣工验收资料的整理在交通运输部发布的《公路工程竣(交)工验收办法实施细

则》附件2中有详细的规定，主要包括综合文件、决算和审计文件、监理资料、施工资料、科研和新技术资料等内容。其中综合文件、决算和审计文件由项目法人负责整理，监理单位和施工单位分别整理监理资料和施工资料，科研和新技术相关单位负责整理科研和新技术资料。项目法人除应完整及时地整理自身负责整理的资料，还应督促其他参建单位各负其责，完整及时地完成各自的资料整理任务。

第7章　公路维修加固工程验收后工作

7.1　项目法人的工作

(1)档案移交

项目法人在工程项目通过竣工验收后应尽快将竣工验收文件归档,并连同其他工程档案资料一并向使用单位和档案管理部门办理移交手续。

(2)资产移交

工程竣工验收后,项目法人对建设过程中所购置的仪器设备、车辆等进行清理,以竣工决算报告中所列仪器设备清单进行移交,移交时按照财产归属关系依据有关规定办理交接手续,移交后的固定资产由接管单位妥善保管。

(3)遗留问题的处理

竣工验收后,项目法人负责处理竣工验收的遗留问题。需要处理的问题包括《公路工程竣工验收鉴定书》、竣工验收时竣工验收委员会检查意见、质量监督机构完成的工程质量鉴定报告等提出的问题和建议,以及工程项目管理中存在的其他遗留问题。

7.2　质量监督机构的工作

通过竣工验收的工程,由质量监督机构依据竣工验收结论,对各参建单位签发工作综合评价等级证书。质量监督机构应继续对在工程竣工验收时指出的工程质量问题的处理过程实施监督检查。

7.3　交通运输主管部门的工作

交通运输主管部门对通过竣工验收的工程项目签发《公路工程竣工验收鉴定书》,并督促项目法人将工程的交接、遗留问题的处理、工程结算等各项工作顺利完成。

第8章 交工验收维修处治典型案例

8.1 支座脱空

8.1.1 工程概况

某桥为分离式桥梁,上部结构为 $3\times(4\times30m)+5\times30m$ 先简支后结构连续预应力混凝土T梁,单幅横向由5片T梁组成,桥面布置为0.5m(防撞护栏)+净11m+0.5m(防撞护栏)。下部结构采用双柱墩、桩基础,桥台为肋板式桥台、桩基础及重力式台、扩大基础。桥梁结构示意如图8-1所示。

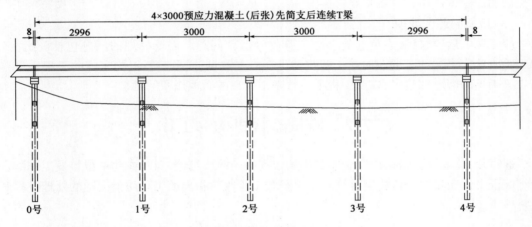

图8-1 桥梁结构示意图(尺寸单位:cm)

该桥3号墩上方T梁连续段处,1号支座顶面完全脱空,对结构安全性及耐久性产生较大不利影响,并给行车安全造成较大安全隐患。鉴于此,决定对该桥支座脱空进行处理。

8.1.2 设计规范及技术标准

1)依据及参考的规范

(1)《公路工程技术标准》(JTG B01—2003)
(2)《公路桥涵设计通用规范》(JTG D60—2004)
(3)《公路钢筋混凝土及预应力混凝土桥涵设计规范》(JTG D62—2004)
(4)《公路桥涵地基与基础设计规范》(JTG D63—2007)
(5)《混凝土结构加固设计规范》(GB 50367—2006)

(6)《公路桥梁加固设计规范》(JTG/T J22—2008)
(7)《公路桥梁加固施工技术规范》(JTG/T J23—2008)
(8)《公路桥涵施工技术规范》(JTJ 041—2000)
(9)《T形梁上部构造通用图》(30m T梁)
2)设计技术标准
维修加固设计维持该桥原设计不变。

8.1.3 支座脱空处治要点

该桥梁体支座脱空处治主要内容如下：
(1)制备钢板厚度
首先检查支座脱空，用塞尺量测脱空高度 H；其次计算支座压缩量，支座挤压平均变形为 $\Delta = 0.92\text{mm}$。因此，备制钢板厚度为脱空高度 $H + 0.92\text{mm}$。
(2)梁体顶升
采用千斤顶对 3 号墩顶升 0.5cm，对支座进行调整。

8.1.4 施工工艺及注意事项

施工单位应严格按照国家和部颁规范、行业有关标准和该工程原施工图、设计图纸施工。开工前，施工单位应全面熟悉设计文件，在设计交底的基础上进行现场核对和施工调查，发现问题及时与设计单位联系。

1)梁体顶升施工

梁体整体顶升要求采用同步顶升系统，建议采用液压同步顶升控制系统作为顶升工具。由于顶升施工中梁体结构处于不稳定状态，因此施工单位必须在施工期间采取有效措施保证结构稳定，施工方案经监理审批后才能施工。

具体施工流程：施工准备→搭设施工平台→安装整体顶升设备→100t 超薄千斤顶试顶→整体顶升至 5mm→安装预制钢板→落梁。

下述顶升系统仅为施工单位提供施工流程和工艺参考，具体施工方案施工单位可自行编排、组织。

桥梁顶升施工流程如图 8-2 所示。

(1)施工准备工作

①施工前应精确测量控制点实际高程，根据现场实际情况，核对设计顶升数据，确定顶升前需拆除的上下部之间约束，并报监理审核，核定最终顶升位移量后再进行顶升施工。

②确定顶升吨位并计算千斤顶的支撑力：施工单位应初步计算梁体、桥上铺装及其他附属设施的重量，确定千斤顶的基本顶升能力。另外，考虑到混凝土浇筑时超方、箱梁与背墙间存在摩擦和各千斤顶之间的支反力差等不确定因素，建议实际顶升能力比理论计算需要的顶升力高出 50%。

③将相邻千斤顶高差调平，以尽可能地让梁体在顶升过程中同时受力，防止梁体在顶升过程中由于不均匀受力而产生意外。顶升前需根据现场情况配备：a. 1cm 厚的 60cm×60cm 钢垫板；b. 1mm、2mm、5mm 厚的 60cm×60cm 钢板；c. 1mm、2mm、5mm 厚的三角形钢板。

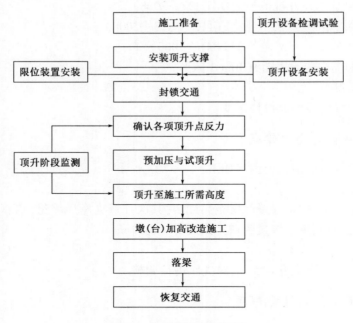

图 8-2 桥梁顶升施工流程图

④在申请交通管制被批准的情况下,封闭占用的车道,在高速公路中央绿化带位置搭设施工爬梯,在各墩位搭设施工平台,并确保作业安全。

⑤液压千斤顶、高压油表、高压油泵等顶升设备标定后方可使用;准备足够数量的钢板、钢垫块等辅助材料。

(2)施工平台的搭设

施工采用活动脚手架施工平台,方便施工人员工作和顶升设备移动、安装、检查。施工时应将脚手架与桥墩固定,施工结束就可以将脚手架移走。对施工平台的要求:

①施工平台有足够的强度、刚度和稳定性,能承载竖向和水平推力作用,变形小,稳定度高。

②平台与梁底保持1.6~2m的空间,充分保证施工人员易操作。

③梁体下面的施工平台及搭设的支架连成整体。

(3)安装顶升设备

①安装超薄千斤顶:按所需数量安装千斤顶,安装放置千斤顶的位置需要打磨或修补平整,确保千斤顶底面水平。

②顶升液压终端应用自锁式千斤顶或钢垫板保险垛,以防止出现任何形式的系统及管路失压问题。

③千斤顶安装时应保证千斤顶的轴线垂直,避免因千斤顶安装倾斜在顶升过程中产生水平分力。

④顶升支撑利用原桥台或桥墩进行,顶升施工前应将墩(台)顶面打磨或修补平整,以利千斤顶垂直安装,使之受力均衡。

⑤顶升设备校验:顶升施工前,千斤顶与油泵需进行标定工作。顶升用的千斤顶必须使用

质量合格的千斤顶。液压油管、连接配件应进行仔细检查并进行加压试验,确保油路耐压、密封、可靠。

(4) 顶升施工

梁体顶升时采用梁体位移与顶力双控,以梁体位移为主要控制指标。顶升施工时,在专业人员的统一指挥下所有千斤顶缓慢分级顶升,具体顶升程序如下:

①将调试好的千斤顶安装到位,用相配套的高压油管经分油阀与油泵连接。千斤顶安装完毕后应先试顶,以消除顶升系统的非弹性变形、沉降或其他障碍,清除障碍后方可正式顶升。

②第一级顶升:

a. 加预顶升力至恒载的25%左右,检查各千斤顶支垫是否稳固,否则应回油重新支垫,再次加力至恒载的25%,读取并记录百分表读数,将其作为顶升高度的初始读数,并视为梁体顶升的"零"位移。

b. 再次加预顶升力至恒载的75%左右,读取并记录百分表读数,分析顶升位移是否均衡、一致,并检查油路系统是否正常,是否有漏油、供油不畅等现象,如有应立即停止加载,及时整改,同时观察桥梁是否有横向移位现象。

c. 继续加顶升力,当顶升力超过恒载后,改以位移控制为主。再次顶高约1mm,至支座脱空,读取百分表读数,决定继续顶升高度。

③第二级顶升高度至0.5cm,顶升到位后,立即加垫钢板。

④顶升过程中的注意事项如下:

a. 在顶升过程中每升高一级就安装专用保护环,以防止油管爆裂或油缸泄漏造成梁体急落而损坏。

b. 当油表显示千斤顶超过计算顶力或百分表显示梁体出现异常时,应立即停止加压,检查原因,分析原因,排除异常后再进行梁体的顶升工作。

c. 顶升施工不能对梁体结构和桥面系造成破坏,特别是在顶升过程中和到位落梁时,需梁体受力均匀或多支点均衡支撑,避免梁体内出现附加应力。因此,应采取同步顶升系统进行顶升施工,严格控制同墩台千斤顶行程差不大于1mm。

d. 顶升过程中应控制顶升速度不超过1mm/min。

e. 顶升就位后,根据控制系统显示的顶升重量复核支座型号及各支座承受的压力,如有异常,应检查原因,排除异常。

8.1.5 施工期间交通组织

为保证施工质量和结构安全,应采取交通安全维护措施。

1) 桥上车道封闭方案

(1) 桥梁顶升作业项目需要对跨线桥跨越的公路进行单幅行车道封闭。主墩施工平台搭设方法采取钢管支架法。在支架搭设和梁体顶升时封闭车道,封闭时间为晚上10点至次日早上7点,共约5个工作日;其他时间将封闭设施靠紧中央分隔带,解除封路。原则上尽量缩短封闭时间,尽最大可能减少对交通的影响。

(2) 考虑尽量减少对交通的影响,施工作业均在进行充分准备以后进行,而且整个路段内每次只设一处绕行的施工点。

2）保证交通安全措施

该工程所在高速公路路段交通繁忙,车流量大。为了杜绝安全事故发生和保证工程的施工质量,将车辆行驶引起的冲击对施工造成的影响降至最低,应采取以下交通安全措施:

(1)将桥上交通疏导方案报交管部门,征得交管部门的批准和支持。

(2)按照方案设置交通标志,并进行安全宣传,提醒过往的车辆和驾驶员。

(3)所有上桥面的施工作业和防护人员必须穿反光衣和戴安全帽。

(4)严格按照计划施工时间执行,在规定的时间内设置交通防护设施,施工任务完成后及时撤除防护,最大限度地减少对行车的干扰,确保交通运输安全。

8.1.6 施工完成后的养护要点

该桥为四跨连续 T 梁结构,属于超静定结构体系,顶升施工完成落梁后,应对原结构关键部位的裂缝和应变发展情况进行跟踪监测,如发现异常,应查找原因,并排除安全隐患,以免对结构产生不利影响。

8.1.7 其他

施工单位若采用有损于结构构件的工艺、方法或机具等,必须征得设计单位和监理单位的同意。

为保证施工质量、施工安全,并缩短工期,建议选择不仅具备施工资质等级,而且具有相应专业承包资质和丰富顶升施工经验的专业队伍承担该桥的顶升施工工作。

其他未尽事宜,由设计单位、监理单位、施工单位及建设单位协商解决。

8.2 桥墩垂直度超标

8.2.1 项目概况

某桥上部结构为 3×30m+3×30m+4×30m+4×30m+4×30m 预应力混凝土(后张)T形梁桥,先简支后结构连续。下部构造为桥台采用桩柱式台,桥墩采用圆形双柱墩和变截面方柱墩,桥墩、台均采用桩基础。桥梁横断面总宽度为 12.0m,净宽 11.0m,双向四车道,布置 5 片梁,梁间距 2.45m。设计汽车荷载为公路—Ⅰ级。

根据桥梁交工验收前工程质量自检、中间交工检测存在问题的相关报告,该桥存在墩柱垂直度超标缺陷:

(1)2-2 号柱纵向竖直度为 0.6%(往 B 岸倾斜,2m 直尺测量,墩柱高 8.5m)。

(2)13-1 号柱纵向竖直度为 0.45%(往 B 岸倾斜,2m 直尺测量,墩柱高 23.5m)。全站仪复测:10.65m 高度柱体纵向往 B 岸偏 3.7cm,见表 8-1。

(3)13-2 号柱纵向竖直度为 0.4%(往 B 岸倾斜,2m 直尺测量,墩柱高 26.0m)。全站仪复测:8.54m 高度柱体纵向往 B 岸偏 4.4cm,见表 8-1。

桥梁墩柱偏位情况　　　　　　　　　表8-1

构件名称	点号	相对高程(m)	相对平距差(cm)	最大相对平距差(cm)
13-1号柱	6	20.918	2.5	3.7
	5	14.044	2.2	
	4	10.653	3.7	
	3	4.831	2.5	
	2	2.181	1.2	
	1	0	0	
13-2号柱	7	19.538	4.3	4.4
	6	16.142	4.1	
	5	12.499	4.0	
	4	8.539	4.4	
	3	5.553	2.9	
	2	3.658	1.7	
	1	0	0	

8.2.2　咨询依据及规范

(1)《公路工程基本建设项目设计文件编制办法》(交公路发〔2007〕358号)
(2)《公路工程技术标准》(JTG B01—2003)
(3)《公路桥涵设计通用规范》(JTG D60—2004)
(4)《公路钢筋混凝土及预应力混凝土桥涵设计规范》(JTG D62—2004)
(5)《公路桥涵施工技术规范》(JTG/T F50—2011)
(6)《公路桥梁抗震设计细则》(JTG/T B02-01—2008)

8.2.3　咨询内容与技术标准

1)咨询内容
对桥梁墩柱垂直度超标缺陷进行安全性技术咨询。
2)技术标准
咨询采用原设计技术标准。
(1)桥面宽度:总宽12.0m,净宽11.0m。
(2)梁片数及间距:5片梁,梁间距2.45m。
(3)汽车荷载:公路—Ⅰ级。
(4)行车道数:双向四车道。
(5)地震动峰值加速度0.2g,地震基本烈度Ⅷ度。
(6)设计速度:80km/h。

8.2.4 主要材料指标

1)混凝土材料

预应力混凝土 T 梁采用 C50 混凝土,其材料力学性能指标见表 8-2。

主要混凝土材料力学性能指标　　　　表 8-2

指标	弹性模量(MPa)	重度(kN/m³)	轴心抗压设计强度(MPa)	抗拉设计强度(MPa)	轴心抗压标准强度(MPa)	抗拉标准强度(MPa)
C50	3.45×10^4	26	22.4	1.83	32.4	2.65
C40	3.25×10^4	26	18.4	1.65	26.8	2.40
C30	3.0×10^4	26	13.8	1.39	20.1	2.01

2)普通钢筋

普通钢筋采用热轧 HPB300、HRB400 钢筋,主要指标见表 8-3。

普通钢筋材料力学性能指标　　　　表 8-3

钢筋种类	抗拉设计强度(MPa)	抗压设计强度(MPa)	标准强度(MPa)	弹性模量(MPa)
HPB300	270	270	300	2.1×10^5
HRB400	330	330	400	2.0×10^5

8.2.5 墩柱持久状况受力计算

1)计算荷载

(1)恒载

计算考虑的结构恒载及其数量见表 8-4。

结构恒载及其数量　　　　表 8-4

序号	荷载类型	单位	数量
1	结构自重	kN/m³	26.0
2	齿板重量	kN/m	5.46
3	横梁重量(边梁)	kN	9.19
4	横梁重量(中梁)	kN	18.38
5	翼板接缝(边梁)	kN/m	1.52
6	翼板接缝(中梁)	kN/m	3.04
7	混凝土铺装	kN/m	6.37
8	沥青铺装	kN/m	5.88
9	护栏重量(边梁)	kN/m	11.11
10	护栏重量(中梁)	kN/m	3.85

(2)温度荷载

结构整体升温 25.0℃,整体降温 25.0℃。

(3)汽车荷载

公路—Ⅰ级。

(4)制动力

根据《公路桥涵设计通用规范》(JTG D60—2004),汽车荷载制动力按同向行驶的汽车荷载(不计冲击力)计算,并按以使桥梁墩台产生最不利纵向力的加载长度进行纵向折减。一个设计车道上由汽车荷载产生的制动力标准值按车道荷载标准值在加载长度上计算的总重力的 10% 计算,并不小于 165kN。此处按 2 车道 330kN 施加。

(5)风荷载

该桥所在地区的设计基本风速按《公路桥涵设计通用规范》(JTG D60—2004)附录 A 取值为 22.8m/s,计算得到的风荷载见表 8-5。

桥梁承受的风荷载　　　　表 8-5

风荷载位置	上部结构	1号墩	2号墩	3号墩
横桥向风荷载(kN/m)	4.09	0.41	0.41	0.60
顺桥向风荷载(kN/m)	—	0.27	0.27	0.35

2)荷载组合

根据《公路桥涵设计通用规范》(JTG D60—2004)4.1.5~4.1.8 条进行结构内力组合。

3)计算模型

采用 MIDAS Civil 软件建立结构模型,结构模型如图 8-3 所示。计算考虑桩土相互作用,采用"m 法"确定土弹簧刚度。

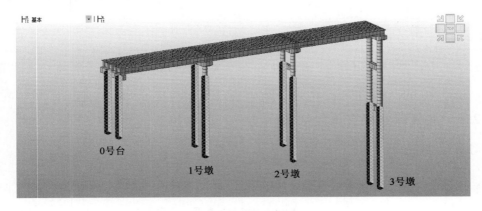

图 8-3　结构有限元模型

墩柱垂直度缺陷按其实际偏位坐标建模,墩柱与盖梁间采用刚性连接。

4)持久状况正截面抗压承载力计算结果

按照《公路钢筋混凝土及预应力混凝土桥涵设计规范》(JTG D62—2004)5.3.9 条进行墩柱正截面抗压承载力计算。经计算,墩柱正截面抗压承载力见表 8-6。

正截面抗弯强度验算结果 表8-6

位置	构件受力类型	计算效应 N_d (kN)	轴拉偏心距 e (m)	轴压偏心距 e' (m)	计算抗力 N_n (kN)	是否满足
系梁位置	最小轴力偏压	7638.6	0.719	-0.621	27759.8	是
	最小轴力轴压	7638.6	0.000	0.000	25413.2	是
	最大弯矩偏压	6421.1	0.763	-0.577	26377.2	是
	最小弯矩偏压	5191.5	0.743	-0.597	27294.5	是
墩底位置	最小轴力偏压	8094.6	0.727	-0.613	27665.1	是
	最小轴力轴压	8094.6	0.000	0.000	25413.2	是
	最大弯矩偏压	7460.7	0.775	-0.565	25889.9	是
	最小弯矩偏压	5366.7	0.754	-0.586	26845.7	是

由表8-6中计算结果可知,考虑墩柱垂直度缺陷后,墩柱正截面抗压承载力满足规范要求。

5)持久状况裂缝宽度计算结果

根据《公路钢筋混凝土及预应力混凝土桥涵设计规范》(JTG D62—2004)6.4.5条圆形截面钢筋混凝土偏心受压构件最大裂缝宽度计算公式,进行裂缝宽度验算。

经计算,在短期效应组合下并考虑长期效应影响系数的裂缝宽度验算结果见表8-7。

短期效应组合裂缝宽度验算 表8-7

位 置	受拉钢筋应力 (MPa)	计算裂缝宽度 (mm)	允许裂缝宽度 (mm)	是否满足
系梁位置	-122.6	0.00	0.02	是
墩底位置	-123.0	0.00	0.02	是

由表8-7中计算结果可知,考虑墩柱垂直度缺陷后,墩柱裂缝宽度验算结果满足规范要求。

8.2.6 墩柱偶然状况抗震计算

1)计算模型

(1)计算荷载

计算考虑的结构恒荷载及其数量见表8-8。

结构恒荷载及其数量 表8-8

序号	荷载类型	单 位	数 量
1	结构自重	kN/m³	26.0
2	齿板重量	kN/m	5.46
3	横梁重量(边梁)	kN	9.19

续上表

序号	荷载类型	单位	数量
4	横梁重量(中梁)	kN	18.38
5	翼板接缝(边梁)	kN/m	1.52
6	翼板接缝(中梁)	kN/m	3.04
7	混凝土铺装	kN/m	6.37
8	沥青铺装	kN/m	5.88
9	护栏重量(边梁)	kN/m	11.11
10	护栏重量(中梁)	kN/m	3.85

(2)地震动设计参数与加速度反应谱

该桥为高速公路大桥,桥梁抗震设防类别为 B 类,地震基本烈度为Ⅷ度,场地类别为Ⅱ类,设计基本地震动峰值加速度为 $0.20g$,特征周期值为 $0.45s$。

根据《公路桥梁抗震设计细则》(JTG/T B02-01—2008),按照该桥场地阻尼比为 0.05 的水平设计加速度反应谱取为:

$$S = \begin{cases} S_{max}(5.5T+0.45) & T < 0.1s \\ S_{max} & 0.1s \leq T \leq T_g \\ S_{max}(T_g/T) & T > T_g \end{cases}$$

式中,S_{max} 为水平设计加速度反应谱最大值;T 为结构的自振周期;T_g 为场地的特征周期。

水平设计加速度反应谱最大值 S_{max} 取:

$$S_{max} = 2.25 C_i C_s C_d A$$

式中,C_i 为抗震重要性系数;C_s 为场地系数;C_d 为阻尼调整系数;A 为水平向设计基本地震动峰值加速度。以上各值根据设计资料,按照《公路桥梁抗震设计细则》(JTG/T B02-01—2008)取值,见表8-9。

抗震设计取值　　　　　　　表8-9

地震作用	C_i	C_s	C_d	A	T_g
E1	0.50	1.0	1.0	$0.20g$	$0.45s$
E2	1.70	1.0	1.0	$0.20g$	$0.45s$

竖向设计加速度反应谱由水平向设计加速度反应谱乘以竖向/水平向谱比函数 R 得到。该桥的竖向设计加速度反应谱按土层场地取值。

$$R = \begin{cases} 1.0 & T < 0.1s \\ 1.0 - 2.5(T-0.1) & 0.1s \leq T \leq 0.3s \\ 0.5 & T > 0.3s \end{cases}$$

式中，T 为结构的自振周期。

结构设计加速度反应谱如图 8-4~图 8-7 所示。

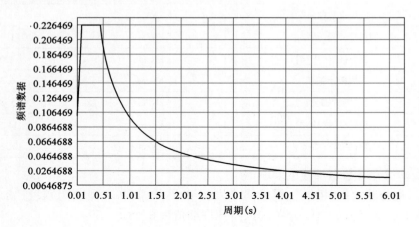

图 8-4　E1 水平设计加速度反应谱

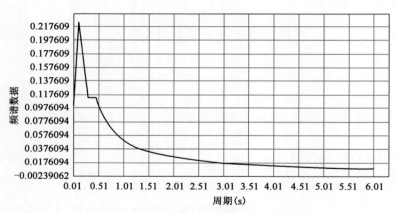

图 8-5　E1 竖向设计加速度反应谱

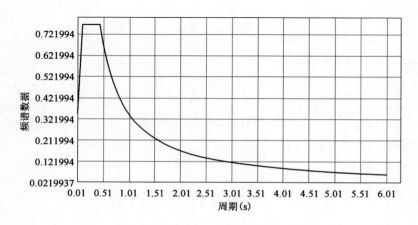

图 8-6　E2 水平设计加速度反应谱

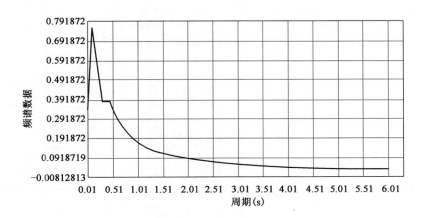

图 8-7　E2 竖向设计加速度反应谱

(3) 荷载组合

根据《公路桥梁抗震设计细则》(JTG/T B02-01—2008) 3.4.1~3.4.2 条进行结构内力组合。

①永久作用,包括结构重力(恒载)、预应力、土压力、水压力。

②地震作用,包括地震动作用和地震土压力、水压力。

作用效应组合包括永久作用+地震作用效应,组合方式应包括各种效应的最不利组合。

(4) 计算模型

采用 MIDAS Civil 软件建立结构模型,结构模型如图 8-8 所示。计算考虑桩土相互作用,采用"m 法"确定土弹簧刚度,并考虑了 2.0 的动力系数。

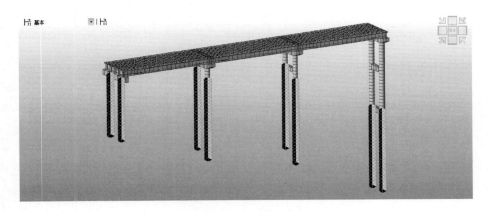

图 8-8　结构有限元模型

地震输入方式为纵向+横向+竖向,计算采用前 100 阶振型进行组合,振型组合方式采用 CQC 法,方向组合采用 SRSS 法。

2) 结构自振特性分析

(1) 周期和振型贡献率

结构前 100 阶振动周期和累计振型参与质量见表 8-10。

结构前100阶振动周期和累计振型参与质量 表 8-10

模态	特征值分析		振型参与质量		
	频率（周/s）	周期（s）	顺桥向(X)合计（%）	横桥向(Y)合计（%）	竖桥向(Z)合计（%）
1	0.561	1.784	64.70	0.00	0.00
2	0.643	1.554	64.70	56.07	0.00
3	0.737	1.357	64.70	58.71	0.00
4	1.313	0.761	65.62	58.71	0.00
5	2.161	0.463	65.62	64.48	0.00
6	2.875	0.348	67.63	64.48	0.01
7	3.180	0.314	67.63	64.48	4.84
8	3.349	0.299	67.63	64.52	4.84
9	3.551	0.282	67.63	64.52	4.84
10	3.820	0.262	67.64	64.53	4.84
11	3.874	0.258	67.64	64.53	4.89
12	4.140	0.242	67.64	64.53	4.89
13	4.313	0.232	70.00	64.53	4.89
14	4.833	0.207	72.25	64.53	4.89
15	4.847	0.206	72.25	65.22	5.77
16	5.036	0.199	72.25	65.23	51.96
17	6.030	0.166	72.25	67.83	51.96
18	6.036	0.166	72.27	68.00	51.96
19	6.431	0.155	72.27	68.14	51.96
20	7.579	0.132	74.90	68.14	51.96
21	7.645	0.131	74.90	71.71	51.96
22	7.968	0.126	74.97	71.71	51.96
23	8.628	0.116	74.97	72.52	51.96
24	9.605	0.104	74.97	72.53	51.96
25	9.999	0.100	74.97	72.54	51.96
26	10.023	0.100	74.97	72.73	51.96
27	10.349	0.097	74.97	72.74	52.45
28	10.696	0.093	74.97	74.21	52.45
29	10.708	0.093	74.97	74.21	52.45
30	11.026	0.091	74.97	74.21	52.45
31	11.426	0.088	74.97	74.21	53.84
32	11.712	0.085	74.97	74.29	53.84
33	12.710	0.079	74.97	76.26	53.84
34	12.959	0.077	74.97	76.41	53.84

续上表

模态	特征值分析		振型参与质量		
	频率 (周/s)	周期 (s)	顺桥向(X)合计 (%)	横桥向(Y)合计 (%)	竖桥向(Z)合计 (%)
35	13.356	0.075	76.31	76.41	53.84
36	14.310	0.070	76.31	76.41	69.24
37	14.550	0.069	76.31	76.41	76.67
38	15.022	0.067	76.31	76.41	76.69
39	15.352	0.065	77.60	76.41	76.69
40	15.514	0.064	77.60	76.61	76.69
41	16.600	0.060	77.60	78.36	76.72
42	16.764	0.060	77.60	78.43	77.84
43	16.835	0.059	77.60	78.43	77.92
44	16.921	0.059	77.60	78.43	77.92
45	17.421	0.057	77.60	78.43	77.93
46	18.297	0.055	77.60	78.47	77.93
47	18.766	0.053	77.60	78.49	77.93
48	19.396	0.052	77.60	78.49	79.81
49	19.749	0.051	77.60	78.49	79.81
50	20.520	0.049	77.60	78.57	79.81
51	20.535	0.049	77.60	78.57	79.84
52	21.050	0.048	77.60	78.57	79.84
53	21.779	0.046	77.60	78.57	79.86
54	21.985	0.045	77.60	78.57	79.86
55	22.387	0.045	77.60	78.58	79.86
56	22.476	0.044	77.60	78.59	79.88
57	22.722	0.044	77.60	78.85	79.89
58	23.909	0.042	77.60	78.97	79.89
59	24.522	0.041	77.60	79.33	79.90
60	25.106	0.040	78.31	79.33	79.90
61	25.300	0.040	78.31	79.33	82.82
62	25.586	0.039	78.31	79.35	82.82
63	26.692	0.037	78.31	79.35	82.94
64	26.880	0.037	78.33	79.35	82.94
65	27.656	0.036	78.33	79.36	84.14
66	27.966	0.036	79.42	79.36	84.15
67	28.375	0.035	79.42	79.36	84.61
68	30.225	0.033	79.42	79.46	84.88

续上表

模态	特征值分析		振型参与质量		
	频率（周/s）	周期（s）	顺桥向(X)合计（%）	横桥向(Y)合计（%）	竖桥向(Z)合计（%）
69	30.485	0.033	79.42	79.56	87.05
70	31.382	0.032	79.42	79.70	88.64
71	31.739	0.032	79.42	79.77	89.90
72	32.606	0.031	79.42	80.13	90.11
73	33.929	0.029	79.42	80.30	90.28
74	36.508	0.027	79.42	80.43	90.31
75	37.941	0.026	80.13	80.43	90.31
76	39.035	0.026	80.13	80.47	90.66
77	41.262	0.024	82.03	80.47	90.68
78	42.198	0.024	82.06	80.56	92.37
79	42.472	0.024	82.08	81.62	92.48
80	43.153	0.023	82.36	81.73	92.50
81	46.869	0.021	82.40	82.80	92.51
82	49.050	0.020	83.11	82.83	93.29
83	49.442	0.020	84.55	82.85	93.78
84	52.901	0.019	84.64	85.16	93.79
85	55.101	0.018	85.13	85.41	93.86
86	60.676	0.016	85.80	85.45	93.96
87	63.600	0.016	85.81	86.99	93.99
88	67.721	0.015	87.00	86.99	94.48
89	69.841	0.014	87.74	86.99	95.02
90	78.105	0.013	87.75	88.16	95.02
91	82.832	0.012	87.75	88.16	96.42
92	96.781	0.010	88.86	88.19	96.44
93	112.706	0.009	88.86	89.30	96.71
94	114.583	0.009	89.05	89.63	97.55
95	147.254	0.007	92.59	89.99	97.86
96	164.496	0.006	92.62	96.64	98.00
97	169.000	0.006	96.21	97.01	98.56
98	217.355	0.005	99.25	97.87	98.73
99	244.687	0.004	99.74	99.87	98.75
100	312.725	0.003	99.85	99.87	99.76

（2）结构主要振型形态

结构前15阶固有动力特性见表8-11，振型如图8-9～图8-23所示。

结构前10阶振型的主要形态 表8-11

模态	频率(周/s)	周期(s)	振型的主要形态
1	0.558	1.791	上部结构纵向同向位移为主的振型
2	0.641	1.560	上部结构高墩侧横向位移为主的振型
3	0.735	1.360	上部结构横向反向位移为主的振型
4	1.309	0.764	3号墩纵向同向位移为主的振型
5	2.105	0.475	3号墩横向同向位移为主的振型
6	2.840	0.352	2号墩扭转为主的振型
7	3.178	0.315	上部结构竖向对称振型
8	3.348	0.299	上部结构对称扭转振型
9	3.441	0.291	3号墩扭转为主的振型
10	3.817	0.262	上部结构对称扭转振型
11	3.863	0.259	上部结构竖向反对称振型
12	4.119	0.243	上部结构反对称扭转振型
13	4.236	0.236	1号墩扭转为主的振型
14	4.691	0.213	3号墩纵向同向位移为主的振型
15	4.786	0.209	上部结构反对称扭转振型

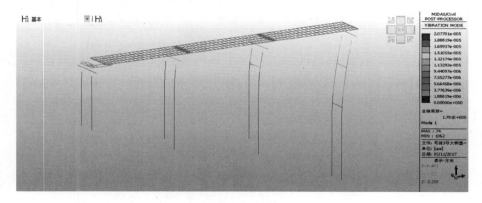

图8-9 第1阶振型

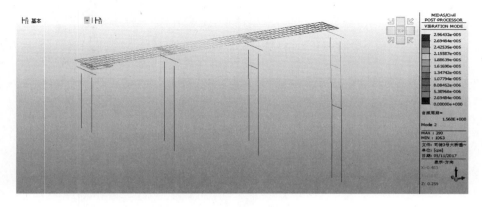

图8-10 第2阶振型

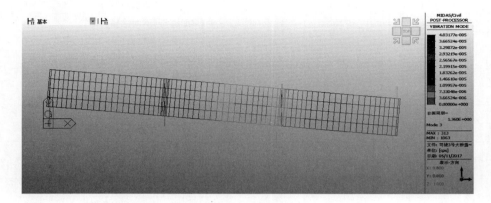

图 8-11　第 3 阶振型

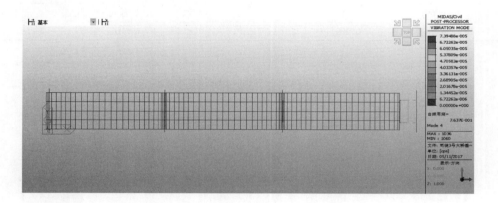

图 8-12　第 4 阶振型

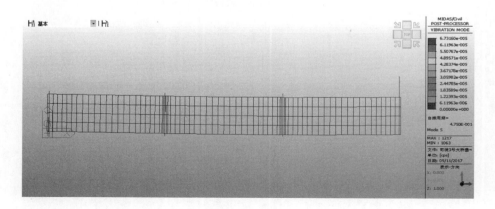

图 8-13　第 5 阶振型

第8章 交工验收维修处治典型案例

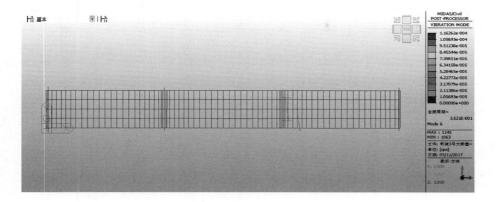

图 8-14　第 6 阶振型

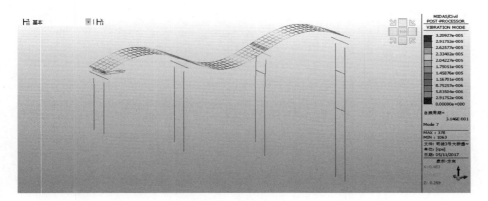

图 8-15　第 7 阶振型

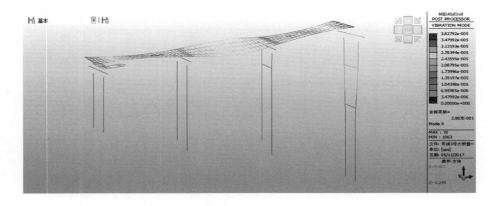

图 8-16　第 8 阶振型

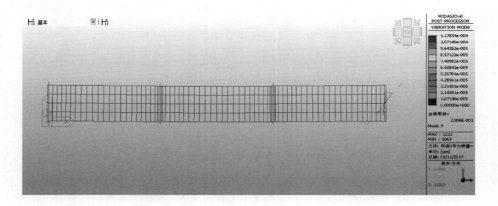

图 8-17　第 9 阶振型

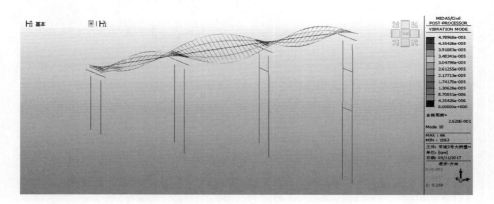

图 8-18　第 10 阶振型

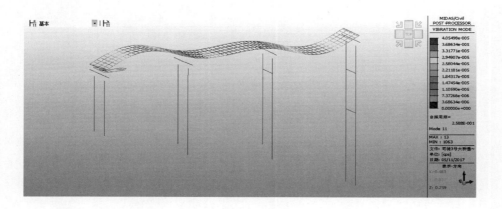

图 8-19　第 11 阶振型

第8章 交工验收维修处治典型案例

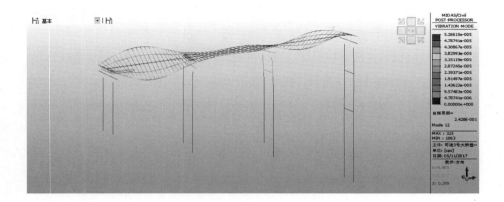

图 8-20　第 12 阶振型

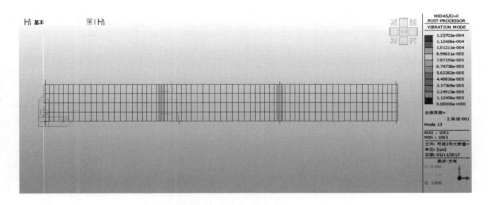

图 8-21　第 13 阶振型

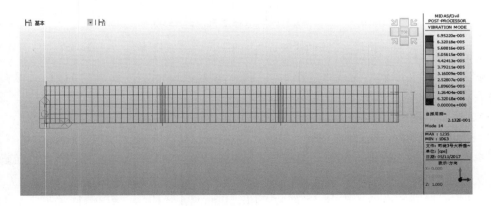

图 8-22　第 14 阶振型

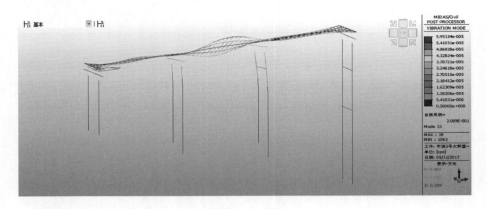

图 8-23　第 15 阶振型

3）E1 地震作用验算结果

经计算，考虑墩柱的垂直度缺陷后，地震动水平 E1 作用下，墩柱控制截面内力见表 8-12。

地震动 E1 作用下桥墩控制截面内力最大值　　　表 8-12

墩号	截面位置	内力状态	轴力（kN）	剪力（kN）		扭矩（kN·m）	弯矩（kN·m）	
				纵向	横向		纵向	横向
2-2 号	墩底	轴力最大	-5877.51	-97.77	-175.91	-157.00	-1572.35	-232.32
2-2 号	墩底	弯矩最大	-4088.50	119.37	168.69	159.75	1597.92	200.73

计算采用轴力-弯矩-曲率曲线中的首次屈服弯矩进行控制，若地震作用下塑性铰区的弯矩小于首次屈服弯矩，即认为结构处于弹性状态。墩柱底部截面恒载轴力为 4980kN，墩柱配筋为 38 根直径为 32mm 的 HRB335 钢筋。

地震动水平 E1（弹性）作用下，桥墩控制截面的能力验算结果见表 8-13。

地震动 E1 作用下桥墩控制抗震性能验算　　　表 8-13

墩号	截面位置	内力状态	轴力（kN）	地震弯矩（kN·m）	初始屈服弯矩（kN·m）	能力需求比	验算结果
2-2 号	墩底	轴力最大	-5877.51	-1572.35	5245.66	3.41	弹性
2-2 号	墩底	弯矩最大	-4088.50	1597.92	5245.66	3.35	弹性

由表 8-13 可知，在偶然荷载组合作用（恒载 + 地震动 E1 作用）下 2-2 号墩柱关键截面内力保持在截面弹性强度范围内，满足规范要求。

4）E2 地震作用验算结果

（1）E2 地震作用下能力保护构件计算

根据《公路桥梁抗震设计细则》（JTG/T B02-01—2008）7.3.4 条进行墩柱斜截面抗剪强度验算。

墩柱顶、底部螺旋箍筋采用 R235 钢筋，直径 10mm，间距 10cm。柱顶、底部加强箍筋采用 HRB335 钢筋，直径 32mm，间距 10cm。

经计算,2-2 号墩斜截面抗剪强度验算见表 8-14。

桥墩关键截面抗剪强度验算　　　　　　　表 8-14

墩号	截面位置	剪力设计值(kN)		抗剪强度(kN)	是否满足
		横桥向 F_y	顺桥向 F_z		
2-2 号	墩顶	-1071.35	-564.77	4521.7	是
	墩底	-358.01	-589.35	4521.7	是

从表 8-14 可知,在偶然荷载组合作用(恒载 + 地震动 E2 作用)下,2-2 号桥墩墩柱塑性铰区域斜截面抗剪强度满足规范要求。

(2) E2 地震作用变形验算

E2 地震作用下,墩顶的顺桥向和横桥向水平位移按《公路桥梁抗震设计细则》(JTG/T B02-01—2008)6.7.6 条计算,计算结果见表 8-15。

地震动 E2 作用下墩顶位移结果　　　　　　　表 8-15

位置	方向	墩顶位移 Δ_d(cm)	容许位移 Δ_u(cm)	是否满足
2-2 号墩	横桥向	1.0	3.1	是
	顺桥向	5.2	16.2	是

由表 8-15 可知,E2 地震作用墩顶位移满足要求。

8.2.7　主要结论和建议

1) 主要结论

(1) 考虑垂直度缺陷后,墩柱持久状况正截面抗压承载能力验算结果满足规范要求。

(2) 考虑垂直度缺陷后,墩柱持久状况缝宽度验算结果满足规范要求。

(3) 在偶然荷载组合作用(恒载 + 地震动 E1 作用)下,2-2 号墩柱关键截面保持在截面弹性强度范围内,满足规范要求。

(4) 在偶然荷载组合作用(恒载 + 地震动 E2 作用)下,2-2 号墩柱塑性铰区域斜截面抗剪强度满足规范要求。

(5) 在偶然荷载组合作用(恒载 + 地震动 E2 作用)下,2-2 号墩柱墩顶位移满足要求。

2) 有关建议

对于存在垂直度缺陷的墩柱,在保证混凝土保护层厚度的前提下,可不予处理,正常使用即可。

8.3　T 梁腹板混凝土剥落

8.3.1　项目概况

某桥(左幅)上部结构为 2×40m + 28.5m 预应力混凝土 T 梁。桥梁横断面总宽度为 12.0m,净宽 11.0m,双向四车道,布置 5 片梁,梁间距 2.45m。设计汽车荷载为公路—Ⅰ级。根据检测报告,该桥 2-2 号 T 梁距 B 端 9.0~10.3m 长度范围,腹板左侧距梁底 70cm 处,有砂浆修补痕迹,敲击局部不密实,$S=130\text{cm}\times60\text{cm}$;距 B 端 $8.7\sim10.3\text{m}$ 长度范围,腹板右侧距梁底 70cm 处,混凝土局部崩裂、破损,局部敲击空响,$S=155\text{cm}\times37\text{cm}$(该位置为预应力 N1 钢束附近)。腹板两侧缺陷最大深度分别为 9.0cm 和 3.0cm,合计 12cm。缺陷照片如图 8-24~图 8-27 所示。

图 8-24 腹板左侧混凝土外观

图 8-25 腹板右侧混凝土外观

图 8-26 腹板左侧混凝土凿开检查

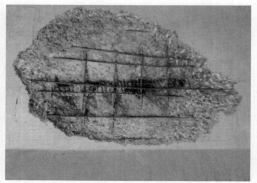

图 8-27 腹板右侧混凝土凿开检查

8.3.2 设计规范及技术标准

1)设计规范

(1)《公路工程基本建设项目设计文件编制办法》(交公路发〔2007〕358 号)
(2)《公路钢筋混凝土及预应力混凝土桥涵设计规范》(JTG D62—2004)
(3)《公路桥涵设计通用规范》(JTG D60—2004)
(4)《混凝土结构加固设计规范》(GB 50367—2013)
(5)《公路桥梁加固设计规范》(JTG/T J22—2008)
(6)《公路桥涵施工技术规范》(JTG/T F50—2011)
(7)《公路桥梁加固施工技术规范》(JTG/T J23—2008)
(8)《工程结构加固材料安全性鉴定技术规范》(GB 50728—2011)
(9)《混凝土结构后锚固技术规程》(JGJ 145—2013)

2）技术标准

本次维修处治维持原设计标准。

8.3.3 主要材料指标

1）混凝土材料

预应力混凝土 T 梁采用 C50 混凝土，其材料力学性能指标见表 8-16。

主要混凝土材料力学性能指标　　　　表 8-16

指标	弹性模量（MPa）	重度（kN/m³）	轴心抗压设计强度（MPa）	抗拉设计强度（MPa）	轴心抗压标准强度（MPa）	抗拉标准强度（MPa）
C50	3.45×10^4	26	22.4	1.83	32.4	2.65

2）预应力钢绞线

预应力钢绞线采用抗拉强度标准值 $f_{pk}=1860$MPa 的低松弛高强度钢绞线，公称直径为 15.24mm，公称面积为 140mm²，张拉控制应力 $\sigma_{con}=1395$MPa，弹性模量 $E_p=1.95 \times 10^5$MPa，松弛率取 3.5%，其材料力学性能指标见表 8-17。

主要预应力材料力学性能指标　　　　表 8-17

公称直径(mm)	截面面积(mm²)	单位质量(kg/m)	标准强度(MPa)	弹性模量(MPa)	松弛级别
15.24	140	1.102	1860	1.95×10^5	II

3）普通钢筋

普通钢筋采用热轧 HPB300、HRB400 钢筋，主要指标见表 8-18。

普通钢筋材料力学性能指标　　　　表 8-18

钢筋种类	抗拉设计强度(MPa)	抗压设计强度(MPa)	标准强度(MPa)	弹性模量(MPa)
HPB300	270	270	300	2.1×10^5
HRB400	330	330	400	2.0×10^5

8.3.4 计算模型与计算假定条件

1）计算荷载

计算考虑的荷载及其数量见表 8-19。

计算荷载及其数量　　　　表 8-19

序号	荷载类型	单位	数量
1	结构自重	kN/m³	26.0
2	齿板重量	kN/m	5.46
3	横梁重量	kN	21.67
4	翼板接缝	kN/m	3.12
5	混凝土铺装	kN/m	6.37
6	沥青铺装	kN/m	5.88
7	护栏重量	kN/m	3.85

续上表

序号	荷载类型	单 位	数 量
8	预应力荷载	MPa	1395
9	整体升温	℃	25.0
10	整体降温	℃	25.0
11	梯度升温	℃	14.00,5.50
12	梯度降温	℃	-7.00,-2.75
13	收缩徐变	d	3000

2）荷载组合

根据《公路桥涵设计通用规范》（JTG D60—2004）4.1.5～4.1.8条进行结构内力组合。

3）计算模型

此处计算假定结构实际尺寸、结构配筋和预应力钢束数量均与设计文件一致，且结构不存在混凝土内部空洞、预应力损伤等其他的内部缺陷。

采用 MIDAS Civil 软件建立结构计算模型，对T梁缺陷部位，采用截面挖空的方法分析缺陷对结构的影响，如图8-28所示。根据T梁缺陷情况，假设腹板混凝土缺陷形状为矩形，T梁模型原截面和缺陷截面分别如图8-29、图8-30所示。

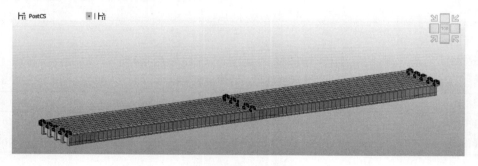

图8-28 结构计算模型

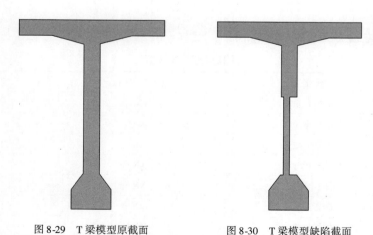

图8-29 T梁模型原截面　　　　图8-30 T梁模型缺陷截面

4)施工阶段

施工阶段见表8-20。

施工阶段 表8-20

施工阶段	施工天数	施工内容
CS1	15	场内预制T形梁,张拉正弯矩预应力束
CS2	2	预制场存梁5d
CS3	15	架梁,浇筑横隔板
CS4	5	现浇墩顶实接头混凝土
CS5	3	张拉墩顶负弯矩束
CS6	2	拆除临时支座,转换为永久支座
CS7	5	浇筑翼板湿接缝
CS8	5	混凝土铺装施工
CS9	5	防撞护栏施工
CS10	5	沥青混凝土铺装施工
CS11	3000	收缩徐变3000d

8.3.5 缺陷影响分析计算结果

1)持久状况承载能力极限状态验算

根据《公路钢筋混凝土及预应力混凝土桥涵设计规范》(JTG D62—2004)4.2.2条,计算得边跨T梁翼缘有效宽度为2.20m,中跨T梁翼缘有效宽度为2.04m。边跨T梁预制阶段翼缘宽度为2.10m,中跨T梁预制阶段翼缘宽度为1.80m,此处均以预制截面计算。

(1)正截面抗弯承载能力

按照《公路钢筋混凝土及预应力混凝土桥涵设计规范》(JTG D62—2004)5.1.5条进行主梁承载能力极限状态内力组合。

经计算,损伤部位理想截面模型与损伤截面模型的抗弯承载力对比见表8-21。

理想截面与损伤截面的抗弯承载力对比 表8-21

结构状态	结构内力(kN·m)	结构抗力(kN·m)	抗力/内力	是否满足
理想截面模型	11996.5	12838.1	1.07	是
损伤截面模型	11943.7	12838.1	1.07	是

由表8-21中的计算结果可知,损伤部位正截面抗弯强度满足规范要求。

(2)斜截面抗剪承载能力

根据《公路钢筋混凝土及预应力混凝土桥涵设计规范》(JTG D62—2004)5.2.7~5.2.8条对主梁斜截面抗剪承载力进行计算。

①抗剪承载力验算。

经计算,损伤部位理想截面模型与损伤截面模型的抗剪承载力对比见表8-22。

理想截面与损伤截面的抗剪承载力对比　　　　表8-22

结构状态	结构内力(kN)	结构抗力(kN)	抗力/内力	是否满足
理想截面模型	−910.6	−1482.1	1.63	是
损伤截面模型	−905.3	−1144.1	1.26	是

②抗剪截面尺寸验算。

损伤部位理想截面模型与损伤截面模型的截面尺寸验算对比见表8-23。

理想截面与损伤截面的截面尺寸验算对比　　　　表8-23

结构状态	结构内力(kN)	截面尺寸验算(kN)	尺寸/内力	是否满足	备注
理想截面	910.6	1384.8	1.52	是	
损伤截面	905.3	553.9	0.61	否	

由表8-22、表8-23中的计算结果可知,损伤部位斜截面抗剪能力大于结构剪力,但截面尺寸验算不满足规范要求,结构有可能出现斜压破坏。

斜压破坏是由于过大的主压应力将腹板混凝土压碎而破坏,属于应该避免的脆性破坏。因此,需对缺陷部位进行维修处治。

在结构现有状态下,若不采取卸载措施,即使考虑维修处治后加截面对活载内力的分担后,损伤部位剩余截面的抗剪截面尺寸验算结果仍然不满足规范要求。主要计算结果见表8-24。

理想截面与损伤截面的截面尺寸验算对比　　　　表8-24

结构状态		结构内力(kN)	截面尺寸验算(kN)	尺寸/内力	是否满足	备注
损伤修补	剩余截面	695.7	553.9	0.80	否	活载按腹板厚度分配
	后加截面	209.6	830.9	3.96	是	

因此,若要取得良好的维修处治效果,需对结构恒载内力进行卸载,使后加截面能够承担一部分恒载内力。

2)持久状况正常使用极限状态验算

根据持久状况正常使用极限状态的要求,按A类预应力混凝土构件进行抗裂和挠度验算。

(1)正应力验算(正截面抗裂验算)

①短期效应组合验算。

根据《公路钢筋混凝土及预应力混凝土桥涵设计规范》(JTG D62—2004)6.3.1条,结构在持久状况正常使用极限状态下,对于A类预应力混凝土构件,正截面抗裂验算时,在荷载短期效应组合下,拉应力应满足 $\sigma_{st} - \sigma_{pc} \leq 0.7 f_{tk}$。对于C50混凝土,$0.7 f_{tk} = 1.855 \text{MPa}$。

经计算,短期效应组合正应力验算结果见表8-25。

短期效应组合正应力验算　　　　表8-25

截面位置		上缘应力(MPa)	下缘应力(MPa)	规范限值(MPa)	是否满足
理想截面模型	损伤部位	−4.60	−6.82	1.855	是
	跨中截面	−4.06	−7.02	1.855	是
损伤截面模型	损伤部位	−4.90	−8.40	1.855	是
	跨中截面	−4.13	−7.06	1.855	是

由表 8-25 中的计算结果可知,短期效应组合下,理想截面模型与损伤截面模型的最大应力满足规范要求。

②长期效应组合验算。

根据《公路钢筋混凝土及预应力混凝土桥涵设计规范》(JTG D62—2004)6.3.1 条,结构在持久状况正常使用极限状态下,对于 A 类预应力混凝土构件,正截面抗裂验算时,在荷载长期效应组合下,拉应力应满足 $\sigma_{st} - \sigma_{pc} \leq 0$,即不允许出现拉应力。

经计算,长期效应组合正应力验算结果见表 8-26。

长期效应组合正应力验算　　　　表 8-26

截面位置		上缘应力(MPa)	下缘应力(MPa)	规范限值(MPa)	是否满足
理想截面模型	损伤部位	-4.60	-6.82	0.00	是
	跨中截面	-4.22	-7.02	0.00	是
损伤截面模型	损伤部位	-4.90	-8.40	0.00	是
	跨中截面	-4.13	-7.06	0.00	是

由表 8-26 中的计算结果可知,长期效应组合下,理想截面模型与损伤截面模型的最大应力满足规范要求。

(2)主拉应力验算(斜截面抗裂验算)

根据《公路钢筋混凝土及预应力混凝土桥涵设计规范》(JTG D62—2004)6.3.1 条,斜截面抗裂应对构件斜截面混凝土的主拉应力进行验算,对于 A 类预应力混凝土预制构件,在作用短期效应组合下,应满足 $\sigma_{tp} \leq 0.7 f_{tk}$。对于 C50 混凝土,$0.7 f_{tk} = 1.855$ MPa。

经计算,短期荷载组合下,最大主拉应力验算结果见表 8-27。

最大主拉应力验算结果　　　　表 8-27

截面位置		主拉应力(MPa)	规范限值(MPa)	是否满足
理想截面模型	端支点	0.37	1.855	是
	中支点	0.66	1.855	是
	损伤部位	0.03	1.855	是
损伤截面模型	端支点	0.37	1.855	是
	中支点	0.65	1.855	是
	损伤部位	0.03	1.855	是

由表 8-27 中的计算结果可知,理想截面模型与损伤截面模型的最大主拉应力满足规范要求。

(3)持久状况构件的应力验算

根据《公路钢筋混凝土及预应力混凝土桥涵设计规范》(JTG D62—2004)7.1.1 条,按持久状况设计的预应力混凝土受弯构件,应计算其使用阶段正截面混凝土法向压应力和斜截面混凝土的主压应力,并不超过相应限值。

①正压应力验算。

根据《公路钢筋混凝土及预应力混凝土桥涵设计规范》(JTG D62—2004)7.1.5 条,使用阶段预应力混凝土受弯构件正截面混凝土的最大正应力应符合 $\sigma_{kc} + \sigma_{pc} \leq 0.5 f_{t}^{\prime}k$。对于 C50 混凝土,$0.5 f_{tk} = 16.2$ MPa。

经计算,标准组合下最大正压应力验算结果见表 8-28。

持久状况正压应力验算 表 8-28

截 面 位 置	上缘应力(MPa)	下缘应力(MPa)	规范限值(MPa)	是 否 满 足
理想截面模型	-12.48	-13.09	-16.20	是
损伤截面模型	-12.48	-13.08	-16.20	是

由表 8-28 中计算结果可知,考虑钻孔缺陷后,标准组合下 T 梁最大正压应力验算结果满足规范要求。

②主压应力验算。

根据《公路钢筋混凝土及预应力混凝土桥涵设计规范》(JTG D62—2004)7.1.6 条,预应力混凝土受弯构件由作用标准值和预加力产生的混凝土主压应力 σ_{cp} 应符合 $\sigma_{cp} \leq 0.6 f_{tk}$。对于 C50 混凝土, $0.6 f_{tk} = 19.44$ MPa。

经计算,标准组合下最大主压应力验算结果见表 8-29。

持久状况主压应力验算 表 8-29

截 面 位 置	主压应力(MPa)	规范限值(MPa)	是 否 满 足
理想截面模型	-8.71	19.44	是
损伤截面模型	-8.71	19.44	是

由表 8-29 中计算结果可知,考虑钻孔缺陷后,标准组合下 T 梁主压应力验算结果满足规范要求。

8.3.6 维修处治设计计算

根据表 8-24 中的计算结果,在结构恒载作用下直接修补腹板缺陷,结构抗剪截面尺寸验算仍不满足规范要求。若要取得良好的维修处治效果,需对结构恒载内力进行卸载,使后加截面与原结构共同承担恒载内力,从而满足抗剪截面尺寸验算要求。

1)维修处治措施

(1)T 梁反顶卸载

在损伤跨 T 梁底面布置千斤顶,对损伤跨 T 梁进行反顶,卸除恒载内力,目标是使 T 梁缺陷部位的剪力接近于零,或稍微处于负恒载剪力状态。

梁体的顶升采用整体同步顶升系统。千斤顶布置于每片 T 梁的第 2 道中横隔板(距 B 端 13.75m)和第 3 道中横隔板(距 B 端 20.00m)处,共计采用 10 个千斤顶,每个千斤顶顶升力均为 400kN,见表 8-30。

T 梁反顶位置布置与反顶力值 表 8-30

梁号	1 号梁		2 号梁		3 号梁		4 号梁		5 号梁	
距 B 端(m)	13.75	20.0	13.75	20.0	13.75	20.0	13.75	20.0	13.75	20.0
反顶力(kN)	400	400	400	400	400	400	400	400	400	400
备注	顶升施工时,以反顶力控制为主,对反顶力采用压力计准确测量,严禁超顶和偏顶,确保各梁均衡									

为避免 T 梁混凝土在顶升时局部受压破坏,需在 T 梁底面设置橡胶垫和钢垫板,橡胶垫和钢垫板尺寸均为 60cm × 50cm,厚度为 2cm,垫板长度方向为横桥向布置。

为避免各片 T 梁在顶升时的横向不均匀变形,需在顶升前进行相邻梁体、相邻千斤顶的高差调平。

(2) T 梁缺陷修补

对 T 梁缺陷部位的表面疏松混凝土进行清理,露出坚实混凝土面,进行充分凿毛,用清水冲洗干净,在混凝土表面涂刷界面剂后,采用丙乳细石混凝土修补。

丙乳细石混凝土内设置防裂钢丝网,钢丝网采用热镀锌方格钢丝网,钢丝直径 5mm,方格孔 50mm×50mm。防裂钢丝网采用合适长度的锚栓固定,锚栓直径 10mm,间距 30cm×30cm,梅花形布置。

2) 反顶前后结构受力分析

(1) 缺陷部位剪力对比

对顶升前后 T 梁缺陷部位的剪力进行计算,结果对比见表 8-31。顶升前 T 梁恒载剪力图如图 8-31 所示,顶升后 T 梁恒载剪力图如图 8-32 所示。

顶升前后 T 梁缺陷部位剪力对比　　　　表 8-31

截面距 B 端距离	顶升前剪力(kN)	顶升后剪力(kN)	剪力变化量(kN)
9.0m	479.6	79.6	−400.0
11.0m	400.6	−38.5	−439.1

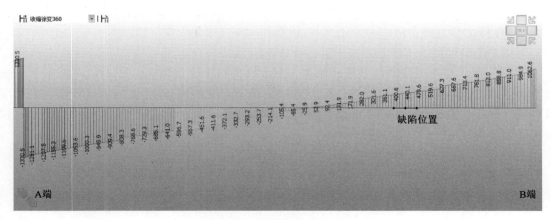

图 8-31　顶升前损伤跨剪力图

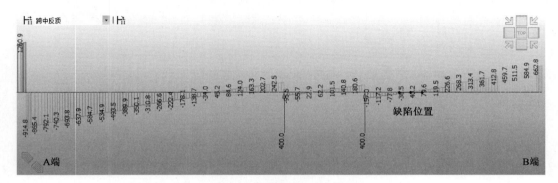

图 8-32　顶升后损伤跨剪力图

(2)缺陷部位变形对比

对顶升前后 T 梁缺陷部位的变形进行计算,结果对比见表 8-32。

顶升前后 T 梁缺陷部位变形对比 表 8-32

截面距 B 端距离		顶升前变形(mm)	顶升后变形(mm)	变形变化(mm)
1 号梁	9.0m	17.0	37.5	20.5
	11.0m	19.5	43.0	23.5
2 号梁	9.0m	14.5	35.0	20.5
	11.0m	16.6	40.0	23.4
3 号梁	9.0m	14.6	35.0	20.4
	1.0m	16.7	40.1	23.4
4 号梁	9.0m	14.5	34.9	20.4
	11.0m	16.6	40.0	23.4
5 号梁	9.0m	17.1	37.5	20.4
	11.0m	19.6	43.0	23.4
备注		由于结构实际刚度与理论刚度存在差异,结构实际变形与理论变形也会存在差异,变形测量主要用于控制各梁均衡变形		

(3)反顶前后 T 梁正压应力对比

对顶升前后 T 梁上下缘正压应力进行计算,结果如下:

①顶升前,T 梁上下缘均处于受压状态。上缘最大正压应力为 -6.95MPa,下缘最大正压应力为 -14.30MPa,正压应力和正拉应力验算结果均满足《公路钢筋混凝土及预应力混凝土桥涵设计规范》(JTG D62—2004)7.2.8 条要求。顶升前 T 梁上缘正应力图如图 8-33 所示,顶升前 T 梁下缘正应力图如图 8-34 所示。

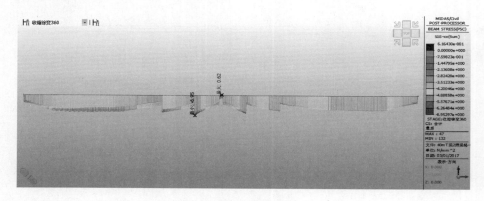

图 8-33 顶升前 T 梁上缘正应力图

②顶升后,T 梁上缘出现拉应力,下缘均处于受压状态。上缘最大拉应力为 0.70MPa,正拉应力验算结果均满足规范要求;T 梁上缘最大正压应力为 -9.28MPa,下最大正压应力为 -16.12MPa,正压应力验算结果均满足《公路钢筋混凝土及预应力混凝土桥涵设计规范》(JTG

D62—2004)7.2.8 条要求。顶升后 T 梁上缘正应力图如图 8-35、图 8-36 所示,顶升后 T 梁下缘正应力图如图 8-37、图 8-38 所示。

图 8-34　顶升前 T 梁下缘正应力图

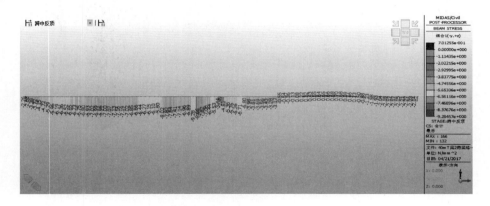

图 8-35　顶升后 T 梁上缘正应力图(左上缘)

图 8-36　顶升后 T 梁上缘正应力图(右上缘)

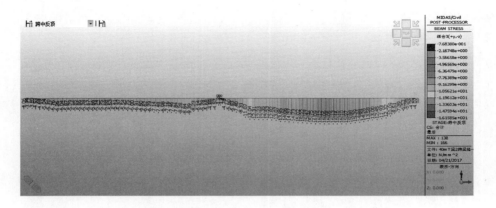

图 8-37　顶升后 T 梁下缘正应力图(左下缘)

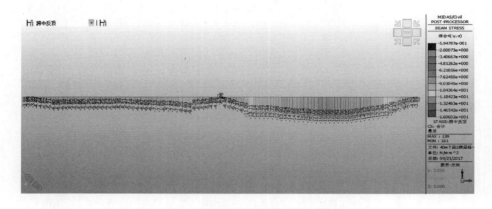

图 8-38　顶升后 T 梁下缘正应力图(右下缘)

8.3.7　主要结论和建议

1)主要结论

(1)损伤部位斜截面抗剪能力大于结构剪力,但截面尺寸验算不满足规范要求,结构有可能出现斜压破坏。斜压破坏是由于过大的主压应力将腹板混凝土压碎而破坏,属于应该避免的脆性破坏。

(2)在结构现有状态下,若不采取卸载措施,后加截面无法分担恒载内力,损伤部位剩余截面的抗剪截面尺寸验算结果不满足规范要求。

(3)若要取得良好的维修处治效果,需对结构恒载内力进行卸载,使后加截面与原结构共同承担恒载内力,从而满足抗剪截面尺寸验算要求。

2)有关建议

(1)反顶卸载时,需对结构进行监测,以防发生意外。

(2)修复处治完成后,需对缺陷修复部位进行跟踪观测,确保修复处治质量。

8.4 T梁简支端赘余齿板缺陷

8.4.1 项目概况

某桥(左幅)上部结构为 3×(4×30m)+5×30m 预应力混凝土 T 梁;Z3K131+144 桥(左幅)上部结构为 5×30m 预应力混凝土 T 梁。桥梁横断面总宽度为 12.0m,净宽 11.0m,双向四车道,布置 5 片梁,梁间距 2.45m。设计汽车荷载为公路—Ⅰ级。

根据桥梁交工验收前工程质量自检、中间交工检测存在问题的报告,发现:

(1)除 1-2~1-4 号、5-2~5-4 号 T 梁外,其余简支端 T 梁简支端均设有多余的负弯矩钢束齿块。

(2)5-1 号、5-5 号 T 梁简支端设有多余的负弯矩钢束齿块。

8.4.2 咨询依据及规范

(1)《公路工程基本建设项目设计文件编制办法》(交公路发〔2007〕358 号)
(2)《公路工程技术标准》(JTG B01—2003)
(3)《公路桥涵设计通用规范》(JTG D60—2004)
(4)《公路钢筋混凝土及预应力混凝土桥涵设计规范》(JTG D62—2004)
(5)《公路桥涵施工技术规范》(JTG/T F50—2011)

8.4.3 咨询内容与技术标准

1)咨询内容

对某桥 30m T 梁简支端存在赘余齿板的缺陷进行安全性技术咨询。

2)技术标准

咨询采用原设计技术标准。

(1)桥面宽度:总宽 12.0m,净宽 11.0m。
(2)梁片数及间距:5 片梁,梁间距 2.4m。
(3)汽车荷载:公路—Ⅰ级。
(4)行车道数:双向四车道。

8.4.4 主要材料指标

1)混凝土材料

预应力混凝土 T 梁采用 C50 混凝土,其材料力学性能指标见表 8-33。

主要混凝土材料力学性能指标　　表 8-33

指标	弹性模量(MPa)	重度(kN/m³)	轴心抗压设计强度(MPa)	抗拉设计强度(MPa)	轴心抗压标准强度(MPa)	抗拉标准强度(MPa)
C50	3.45×10^4	26	22.4	1.83	32.4	2.65

2)预应力钢绞线

预应力钢绞线采用抗拉强度标准值 $f_{pk}=1860\mathrm{MPa}$ 的低松弛高强度钢绞线,公称直径为 15.24mm,公称面积为 140 mm^2,张拉控制应力 $\sigma_{con}=1395\mathrm{MPa}$,弹性模量 $E_p=1.95\times10^5\mathrm{MPa}$,松弛率取 3.5%,其材料力学性能指标见表8-34。

主要预应力材料力学性能指标　　　　　　　表8-34

公称直径(mm)	截面面积(mm^2)	单位质量(kg/m)	标准强度(MPa)	弹性模量(MPa)	松弛级别
15.24	140	1.102	1860	1.95×10^5	Ⅱ

3)普通钢筋

普通钢筋采用热轧 HPB300、HRB400 钢筋,主要指标见表8-35。

普通钢筋材料力学性能指标　　　　　　　表8-35

钢筋种类	抗拉设计强度(MPa)	抗压设计强度(MPa)	标准强度(MPa)	弹性模量(MPa)
HPB300	270	270	300	2.1×10^5
HRB400	330	330	400	2.0×10^5

8.4.5 活载横向分布系数与汽车荷载冲击系数

结构计算采用平面杆系有限元计算,考虑活载的横向分布,进行影响线加载。活载横向分布系数按空间结构分析计算。汽车荷载冲击系数按《公路桥涵设计通用规范》(JTG D60—2004)4.3.2条计算。

1)活载横向分布系数

主梁跨中活载横向分布系数按刚接板梁法计算,主梁支点活载横向分布系数按杠杆法计算。主梁跨中截面特性(使用阶段大截面)计算结果见表8-36。

主梁截面特性(跨中)　　　　　　　表8-36

截面位置	截面特性		
	截面面积(m^2)	抗弯惯性矩(m^4)	抗扭惯性矩(m^4)
边梁跨中	0.9425	0.4580	0.0184
中梁跨中	0.9500	0.4628	0.0178

上部结构主梁在活载作用下为五等跨连续梁结构,跨中活载横向分布系数的计算按等刚度换算原则换算为跨度相同的等截面简支梁。根据《公路桥涵设计手册——梁桥(下册)》(P204),主梁等效刚度修正系数边跨为 $C_w=1.432$,中跨为 $C_w=1.86$。主梁边、中跨跨中截面等效抗弯惯性矩见表8-37。

主梁等效截面特性(跨中)　　　　　　　表8-37

截面位置	截面特性	
	边跨等效抗弯惯性矩(m^4)	中跨等效抗弯惯性矩(m^4)
边梁跨中	0.6559	0.8519
中梁跨中	0.6627	0.8608

计算得主梁横向分布系数见表 8-38。

主梁横向分布系数　　　　　　　　　表 8-38

位　置	横向分布系数			
	边跨		中跨	
	边梁	中梁	边梁	中梁
跨中	0.711	0.768	0.708	0.786
支点	0.706	0.856	0.706	0.856

2）汽车荷载冲击系数

根据《公路桥涵设计通用规范》（JTG D60—2004）4.3.2 条,计算得主梁汽车荷载冲击系数见表 8-39。

汽车荷载冲击系数　　　　　　　　　表 8-39

梁　位		边跨冲击系数	中跨冲击系数
边梁	正弯矩区	0.341	0.364
	负弯矩区	0.438	0.450
中梁	正弯矩区	0.340	0.364
	负弯矩区	0.438	0.450

8.4.6　计算荷载、荷载组合与计算模型

1）计算荷载

计算考虑的荷载及其数量见表 8-40。

计算荷载及其数量　　　　　　　　　表 8-40

序号	荷载类型	单　位	数　量	备　注
1	结构自重	kN/m³	26.0	
2	齿板重量	kN/m	5.46	
3	横梁重量（边梁）	kN	9.19	
4	横梁重量（中梁）	kN	18.38	
5	翼板接缝（边梁）	kN/m	1.52	不考虑参与受力
6	翼板接缝（中梁）	kN/m	3.04	
7	混凝土铺装	kN/m	6.37	
8	沥青铺装	kN/m	5.88	
9	护栏重量（边梁）	kN/m	11.11	按影响线加载
10	护栏重量（中梁）	kN/m	3.85	
11	预应力荷载	MPa	1395	
12	整体升温	℃	25.0	
13	整体降温	℃	25.0	

续上表

序号	荷载类型	单位	数量	备注
14	梯度升温	℃	14.00,5.50	
15	梯度降温	℃	-7.00,-2.75	
16	收缩徐变	d	3000	
17	汽车荷载	分布系数	0.786	公路Ⅰ级

2）荷载组合

根据《公路桥涵设计通用规范》(JTG D60—2004)4.1.5~4.1.8条进行结构内力组合。

3）计算模型

采用MIDAS Civil软件建立结构单梁模型，按活载横向分布系数加载，模型如图8-39所示。此处按4跨T梁建立结构边梁模型。

图8-39 结构有限元模型

假定T梁简支端存在多余齿板的T梁仅是制模尺寸有误，其钢束用量与原设计钢束用量相符，即不存在配束错误。

4）施工阶段

施工阶段见表8-41。

施工阶段　　　　　　　　　　　　　　　　表8-41

施工阶段	施工天数	施工内容
CS1	15	场内预制T形梁，张拉正弯矩预应力束
CS2	2	预制场存梁2d
CS3	15	架梁，浇筑横隔板
CS4	5	现浇第1、3个墩顶实接头混凝土
CS5	3	张拉第1、3个墩顶负弯矩束
CS6	5	现浇第2个墩顶实接头混凝土
CS7	3	张拉第2个墩顶负弯矩束
CS8	2	拆除临时支座，转换为永久支座
CS9	5	浇筑翼板湿接缝
CS10	5	混凝土铺装施工
CS11	5	防撞护栏施工
CS12	5	沥青混凝土铺装施工
CS13	3000	收缩徐变3000d

8.4.7　计算结果

1）持久状况承载能力极限状态验算

（1）正截面抗弯承载能力

按照《公路钢筋混凝土及预应力混凝土桥涵设计规范》(JTG D62—2004)5.1.5 条进行主梁承载能力极限状态内力组合。

经计算，主梁跨中截面和支点截面弯矩及抗力见表 8-42。

正截面抗弯强度验算结果　　　　　　　　　　　表 8-42

梁位	截　面	组合弯矩(kN·m)	容许强度(kN·m)	是否满足
边梁	边跨跨中	10079.1	10948.6	是
	2号墩支点	8139.4	10553.5	是

由表 8-42 中计算结果可知，考虑赘余齿板荷载后，T 梁抗弯承载能力满足规范要求。

（2）斜截面抗剪承载能力

根据《公路钢筋混凝土及预应力混凝土桥涵设计规范》(JTG D62—2004)5.2.7~5.2.8 条对主梁斜截面抗剪承载力进行计算。

经计算，边梁抗剪承载力计算结果见表 8-43。

边梁主要截面抗剪承载力计算结果　　　　　　　　表 8-43

截面位置		控制剪力(kN)	抗剪强度(kN)	是否满足
边跨	边支点处截面	-1730.4	2665.1	是
	变腹板厚度处钢束弯起点1	-1053.2	1841.9	是
	钢束弯起点2	-779.2	1743.8	是
	钢束弯起点2	1188.0	1744.7	是
	变腹板厚度处钢束弯起点1	1442.9	1848.0	是
	中支点处截面	2023.1	3195.6	是

由表 8-43 中计算结果可知，考虑赘余齿板荷载后，T 梁抗剪承载能力满足规范要求。

2）持久状况正常使用极限状态验算

根据持久状况正常使用极限状态的要求，按 A 类预应力混凝土构件进行抗裂和挠度验算。

（1）正应力验算（正截面抗裂验算）

①短期效应组合验算。

根据《公路钢筋混凝土及预应力混凝土桥涵设计规范》(JTG D62—2004)6.3.1 条，结构在持久状况正常使用极限状态下，对于 A 类预应力混凝土构件，正截面抗裂验算时，在荷载短期效应组合下，拉应力应满足 $\sigma_{st} - \sigma_{pc} \leq 0.7 f_{tk}$。对于 C50 混凝土，$0.7 f_{tk} = 1.855 \mathrm{MPa}$。

经计算，短期效应组合正应力验算结果见表 8-44。

由表 8-44 中计算结果可知，考虑赘余齿板荷载后，短期效应组合下 T 梁正应力验算结果满足规范要求。

短期效应组合正应力验算 表8-44

截面位置		上缘应力(MPa)	下缘应力(MPa)	规范限值(MPa)	是否满足
边梁	边跨	-1.32	-1.18	1.855	是
	中跨	0.64	-2.10	1.855	是

②长期效应组合验算。

根据《公路钢筋混凝土及预应力混凝土桥涵设计规范》(JTG D62—2004)6.3.1条,结构在持久状况正常使用极限状态下,对于A类预应力混凝土构件,正截面抗裂验算时,在荷载长期效应组合下,拉应力应满足 $\sigma_{lt} - \sigma_{pc} \leq 0$,即不允许出现拉应力。

经计算,长期效应组合正应力验算结果见表8-45。

长期效应组合正应力验算 表8-45

截面位置		上缘应力(MPa)	下缘应力(MPa)	规范限值(MPa)	是否满足
边梁	边跨	-1.52	-2.72	0.00	是
	中跨	-0.31	-3.43	0.00	是

由表8-45中计算结果可知,考虑赘余齿板荷载后,长期效应组合下T梁正应力验算结果满足规范要求。

(2)主拉应力验算(斜截面抗裂验算)

根据《公路钢筋混凝土及预应力混凝土桥涵设计规范》(JTG D62—2004)6.3.1条,斜截面抗裂应对构件斜截面混凝土的主拉应力进行验算,对于A类预应力混凝土预制构件,在作用短期效应组合下,应满足 $\sigma_{tp} \leq 0.7 f_{tk}$,对于C50混凝土 $0.7 f_{tk} = 1.855$ MPa。

经计算,短期荷载组合下,最大主拉应力验算结果见表8-46。

短期效应组合主拉应力验算 表8-46

截面位置		主拉应力(MPa)	规范限值(MPa)	是否满足
边梁	边跨	0.78	1.855	是
	中跨	0.80	1.855	是

由表8-46中计算结果可知,考虑赘余齿板荷载后,长期效应组合下T梁主拉应力验算结果满足规范要求。

(3)挠度验算(结构刚度验算)

根据《公路钢筋混凝土及预应力混凝土桥涵设计规范》(JTG D62—2004)6.5.3条,受弯构件在使用阶段的挠度应考虑荷载长期效应的影响,即按荷载短期效应组合和《公路钢筋混凝土及预应力混凝土桥涵设计规范》(JTG D62—2004)6.5.2条规定的刚度计算的挠度,乘以挠度长期增长系数 η_θ。

预应力混凝土受弯构在消除自重产生的长期挠度后,梁式桥主梁的最大挠度处不应超过计算跨径的1/600。并且要考虑荷载长期效应的影响,对应C50混凝土,挠度长期增长系数 $\eta_\theta = 1.425$。

根据《公路钢筋混凝土及预应力混凝土桥涵设计规范》(JTG D62—2004)6.5.2条,A类预应力混凝土构件的刚度为 $B_0 = 0.95 E_c I_0$。

挠度计算结果见表8-47。

挠度计算结果　　　　　　　　　　　表8-47

截面位置		最大挠度(m)	最小挠度(m)	挠度和(m)	长期挠度(m)	规范限值(m)	是否满足
边梁	边跨	0.0044	-0.0131	0.0175	0.025	0.05	是
	中跨	0.0045	-0.0136	0.0181	0.026	0.05	是

由表8-47中计算结果可知,考虑赘余齿板荷载后,T梁挠度验算结果满足规范要求。

3)持久状况构件的应力验算

根据《公路钢筋混凝土及预应力混凝土桥涵设计规范》(JTG D62—2004)7.1.1条,按持久状况设计的预应力混凝土受弯构件,应计算其使用阶段正截面混凝土法向压应力和斜截面混凝土的主压应力,并不超过相应限值。

(1)正压应力验算

根据《公路钢筋混凝土及预应力混凝土桥涵设计规范》(JTG D62—2004)7.1.5条,使用阶段预应力混凝土受弯构件正截面混凝土的最大正应力应符合 $\sigma_{kc} + \sigma_{pc} \leq 0.5 f_{tk}$。对于C50混凝土,$0.5 f_{tk} = 16.2 \mathrm{MPa}$。

经计算,标准组合下最大正压应力验算结果见表8-48。

持久状况正压应力验算　　　　　　　　　表8-48

截面位置		上缘应力(MPa)	下缘应力(MPa)	规范限值(MPa)	是否满足
边梁	边跨	-10.65	-12.36	-16.20	是
	中跨	-10.57	-12.26	-16.20	是

由表8-48中计算结果可知,考虑赘余齿板荷载后,标准组合下T梁最大正压应力验算结果满足规范要求。

(2)主压应力验算

根据《公路钢筋混凝土及预应力混凝土桥涵设计规范》(JTG D62—2004)7.1.6条,预应力混凝土受弯构件由作用标准值和预加力产生的混凝土主压应力 σ_{cp} 应符合 $\sigma_{cp} \leq 0.6 f_{tk}$。对于C50混凝土,$0.6 f_{tk} = 19.44 \mathrm{MPa}$。

经计算,标准组合下最大主压应力验算结果见表8-49。

持久状况主压应力验算　　　　　　　　　表8-49

截面位置		主压应力(MPa)	规范限值(MPa)	是否满足
边跨边梁	边跨	-6.46	19.44	是
	中跨	-6.38	19.44	是

由表8-49中计算结果可知,考虑赘余齿板荷载后,标准组合下T梁主压应力验算结果满足规范要求。

8.4.8　主要结论和建议

1)主要结论

(1)缺陷对结构抗弯承载能力没有影响,考虑赘余齿板荷载后,结构抗弯承载能力验算结果满足规范要求。

(2)缺陷对结构抗剪承载能力没有影响,考虑赘余齿板荷载后,结构抗剪承载能力验算结果满足规范要求。

(3)缺陷对结构正拉应力(正截面抗裂)影响较小,考虑赘余齿板荷载后,结构正截面应力验算结果满足规范要求。

(4)缺陷对结构主拉应力(斜截面抗裂)影响较小,考虑赘余齿板荷载后,结构主拉应力验算结果满足规范要求。

(5)缺陷对结构挠度(结构刚度)影响较小,考虑赘余齿板荷载后,结构挠度验算结果满足规范要求。

(6)缺陷对结构正压应力影响较小,考虑赘余齿板荷载后,结构正压应力验算结果满足规范要求。

(7)缺陷对结构主压应力影响较小,考虑赘余齿板荷载后,结构主压应力验算结果满足规范要求。

2)有关建议

(1)对于简支端存在负弯矩齿板的T梁进行钢束配筋量检测,以确定其钢束用量是否满足边跨T梁设计钢束用量。

(2)在其钢束用量满足边跨T梁设计钢束用量的前提下,对于简支端赘余齿板可不作处理,封孔处理后正常使用即可。

8.5 T梁负弯矩钢束齿板错位缺陷

8.5.1 项目概况

某大桥(左幅)上部结构为 $2\times(3\times30m)$ 预应力混凝土T梁;K95+173.5大桥(左幅)上部结构为 $3\times29m+4\times29m+4\times40.5m+3\times(4\times29.5m)$ 预应力混凝土T梁。桥梁横断面总宽度为12.0m,净宽11.0m,双向四车道,布置5片梁,梁间距2.45m。设计汽车荷载为公路—Ⅰ级。

根据桥梁交工验收前工程质量自检、中间交工检测存在问题的报告,A大桥(左幅)和B大桥(左幅)存在T梁负弯矩钢束齿板错位(钢束短70cm)的缺陷。

(1)A大桥(左幅)T梁负弯矩钢束缺陷情况见表8-50。

A大桥(左幅)T梁负弯矩钢束齿板错位(钢束短70cm)缺陷 表8-50

序号	梁 位	缺陷情况
1	1-2~1-4号T梁	B端N1、N2负弯矩钢束齿板端部与支座中心线距离较设计偏短70cm
2	2-2~2-4号T梁	A、B端N1、N2负弯矩钢束齿板端部与支座中心线距离较设计偏短70cm
3	3-2~3-4号T梁	A端N1、N2负弯矩钢束齿板端部与支座中心线距离较设计偏短70cm
4	4-2~4-4号T梁	B端N1、N2负弯矩钢束齿板端部与支座中心线距离较设计偏短70cm
5	5-2~5-4号T梁	A、B端N1、N2负弯矩钢束齿板端部与支座中心线距离较设计偏短70cm
6	6-2~6-4号T梁	A端N1、N2负弯矩钢束齿板端部与支座中心线距离较设计偏短70cm

(2)B 大桥(左幅)T 梁负弯矩钢束缺陷情况见表 8-51。

B 大桥(左幅)T 梁负弯矩钢束齿板错位(钢束短 70cm)缺陷　　　表 8-51

序号	梁　位	缺陷情况
1	2-2~2-4 号 T 梁	A、B 端 N1、N2 负弯矩钢束齿板端部与支座中心线距离较设计偏短 70cm
2	5-3 号 T 梁	A、B 端 N1、N2 负弯矩钢束齿板端部与支座中心线距离较设计偏短 70cm
3	6-2 号、6-4 号 T 梁	A、B 端 N1、N2 负弯矩钢束齿板端部与支座中心线距离较设计偏短 70cm
4	14-2~14-4 号 T 梁	A、B 端 N1、N2 负弯矩钢束齿板端部与支座中心线距离较设计偏短,实测 N1:1065.7cm,N2:460.1cm(设计 N1:1127.7cm,N2:527.7cm)
5	18-3 号、18-4 号 T 梁	A、B 端 N1、N2 负弯矩钢束齿板端部与支座中心线距离较设计偏短 70cm
6	21-4 号 T 梁	A、B 端 N1、N2 负弯矩钢束齿板端部与支座中心线距离较设计偏短,实测 N1:1045.5cm,N2:451.5cm(设计 N1:1127.7cm,N2:527.7cm)
7	22-3 号、22-4 号 T 梁	A、B 端 N1、N2 负弯矩钢束齿板均为内嵌式封锚,且端部与支座中心线距离较设计偏短,实测 B 端齿板 N1:1043.3cm,N2:442.9cm(设计 N1:1127.7cm,N2:527.7cm)

8.5.2　咨询依据及规范

(1)《公路工程基本建设项目设计文件编制办法》(交公路发〔2007〕358 号)
(2)《公路工程技术标准》(JTG B01—2003)
(3)《公路桥涵设计通用规范》(JTG D60—2004)
(4)《公路钢筋混凝土及预应力混凝土桥涵设计规范》(JTG D62—2004)
(5)《公路桥涵施工技术规范》(JTG/T F50—2011)

8.5.3　咨询内容与技术标准

1)咨询内容

对 A 大桥(左幅)和 B 大桥(左幅)存在 T 梁负弯矩钢束齿板错位(钢束短 70cm)的缺陷进行安全性技术咨询。

2)技术标准

咨询采用原设计技术标准。
(1)桥面宽度:总宽 12.0m,净宽 11.0m。
(2)梁片数及间距:5 片梁,梁间距 2.45m。
(3)汽车荷载:公路—Ⅰ级。
(4)行车道数:双向四车道。

8.5.4　主要材料指标

1)混凝土材料

预应力混凝土 T 梁采用 C50 混凝土,其材料力学性能指标见表 8-52。

主要混凝土材料力学性能指标　　　表 8-52

指标	弹性模量(MPa)	重度(kN/m³)	轴心抗压设计强度(MPa)	抗拉设计强度(MPa)	轴心抗压标准强度(MPa)	抗拉标准强度(MPa)
C50	3.45×10^4	26	22.4	1.83	32.4	2.65

2)预应力钢绞线

预应力钢绞线采用抗拉强度标准值 $f_{pk}=1860\mathrm{MPa}$ 的低松弛高强度钢绞线,公称直径为 15.24mm,公称面积为 140 mm²,张拉控制应力 $\sigma_{con}=1395\mathrm{MPa}$,弹性模量 $E_p=1.95\times10^5\mathrm{MPa}$,松弛率取 3.5%,其材料力学性能指标见表 8-53。

主要预应力材料力学性能指标 表 8-53

公称直径(mm)	截面面积(mm²)	单位质量(kg/m)	标准强度(MPa)	弹性模量(MPa)	松弛级别
15.24	140	1.102	1860	1.95×10^5	Ⅱ

3)普通钢筋

普通钢筋采用热轧 HPB300、HRB400 钢筋,主要指标见表 8-54。

普通钢筋材料力学性能指标 表 8-54

钢筋种类	抗拉设计强度(MPa)	抗压设计强度(MPa)	标准强度(MPa)	弹性模量(MPa)
HPB300	270	270	300	2.1×10^5
HRB400	330	330	400	2.0×10^5

8.5.5 活载横向分布系数与汽车荷载冲击系数

结构计算采用平面杆系有限元计算,考虑活载的横向分布,进行影响线加载。活载横向分布系数按空间结构分析计算。汽车荷载冲击系数按《公路桥涵设计通用规范》(JTG D60—2004)4.3.2 条计算。

1)活载横向分布系数

主梁跨中活载横向分布系数按刚接板梁法计算,主梁支点活载横向分布系数按杠杆法计算。

主梁跨中截面特性(使用阶段大截面)计算结果见表 8-55。

主梁截面特性(跨中) 表 8-55

截面位置	截面特性		
	截面面积(m²)	抗弯惯性矩(m⁴)	抗扭惯性矩(m⁴)
边梁跨中	0.9425	0.4580	0.0184
中梁跨中	0.9500	0.4628	0.0178

上部结构主梁在活载作用下为五等跨连续梁结构,跨中活载横向分布系数的计算按等刚度换算原则换算为跨度相同的等截面简支梁。根据《公路桥涵设计手册——梁桥(下册)》(P204),主梁等效刚度修正系数边跨为 $C_w=1.432$,中跨为 $C_w=1.86$。主梁边、中跨跨中截面等效抗弯惯性矩见表 8-56。

主梁等效截面特性(跨中) 表 8-56

截面位置	截面特性	
	边跨等效抗弯惯性矩(m⁴)	中跨等效抗弯惯性矩(m⁴)
边梁跨中	0.6559	0.8519
中梁跨中	0.6627	0.8608

计算得主梁横向分布系数见表8-57。

主梁横向分布系数　　　　　　　　表8-57

位　置	横向分布系数			
	边跨		中跨	
	边梁	中梁	边梁	中梁
跨中	0.711	0.768	0.708	0.786
支点	0.706	0.856	0.706	0.856

2）汽车荷载冲击系数

根据《公路桥涵设计通用规范》（JTG D60—2004）4.3.2条，计算得主梁汽车荷载冲击系数见表8-58。

汽车荷载冲击系数　　　　　　　　表8-58

弯矩效应	正弯矩	负弯矩
冲击系数	0.340	0.438

8.5.6　计算荷载、荷载组合与计算模型

1）计算荷载

计算考虑的荷载及其数量见表8-59。

计算荷载及其数量　　　　　　　　表8-59

序号	荷载类型	单　位	数　量	备　注
1	结构自重	kN/m³	26.0	
2	齿板重量	kN/m	5.46	
3	横梁重量（边梁）	kN	9.19	
4	横梁重量（中梁）	kN	18.38	
5	翼板接缝（边梁）	kN/m	1.52	不考虑参与受力
6	翼板接缝（中梁）	kN/m	3.04	
7	混凝土铺装	kN/m	6.37	
8	沥青铺装	kN/m	5.88	
9	护栏重量（边梁）	kN/m	11.11	按影响线加载
10	护栏重量（中梁）	kN/m	3.85	
11	预应力荷载	MPa	1395	
12	整体升温	℃	25.0	
13	整体降温	℃	25.0	
14	梯度升温	℃	14.00，5.50	
15	梯度降温	℃	−7.00，−2.75	
16	收缩徐变	d	3000	
17	汽车荷载	分布系数	0.786	公路—Ⅰ级

2)荷载组合

根据《公路桥涵设计通用规范》(JTG D60—2004)4.1.5~4.1.8条进行结构内力组合。

3)计算模型

采用 MIDAS Civil 软件建立结构单梁模型,按活载横向分布系数加载,模型如图8-40所示。装配式预应力混凝土T梁桥以边梁受力最为不利,此处按4跨T梁建立结构边梁模型。

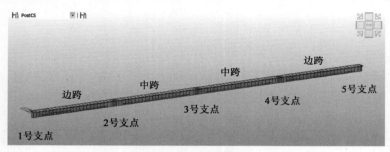

图8-40 结构有限元模型

负弯矩钢束长度按实测长度建模,即每端比设计长度减短70cm。

4)施工阶段

施工阶段见表8-60。

施工阶段　　　　　　　　　　　　　　　　　　　表8-60

施工阶段	施工天数	施工内容
CS1	15	场内预制T形梁,张拉正弯矩预应力束
CS2	2	预制场存梁2d
CS3	15	架梁,浇筑横隔板
CS4	5	现浇第1、3个墩顶实接头混凝土
CS5	3	张拉第1、3个墩顶负弯矩束
CS6	5	现浇第2个墩顶实接头混凝土
CS7	3	张拉第2个墩顶负弯矩束
CS8	2	拆除临时支座,转换为永久支座
CS9	5	浇筑翼板湿接缝
CS10	5	混凝土铺装施工
CS11	5	防撞护栏施工
CS12	5	沥青混凝土铺装施工
CS13	3000	收缩徐变3000d

8.5.7 计算结果

1)持久状况承载能力极限状态验算

(1)正截面抗弯承载能力

按照《公路钢筋混凝土及预应力混凝土桥涵设计规范》(JTG D62—2004)5.1.5条进行主

梁承载能力极限状态内力组合。

经计算,主梁跨中截面和支点截面弯矩及抗力见表 8-61。T 梁结构弯矩和抗弯承载力包络图如图 8-41 所示。

正截面抗弯强度验算结果 表 8-61

梁位	截 面	组合弯矩(kN·m)	容许强度(kN·m)	是 否 满 足
边梁	边跨跨中	10048.4	10948.6	是
	2 号支点	7964.7	10553.5	是
	中跨跨中	7555.4	9352.1	是
	3 号支点	7434.4	9917.2	是

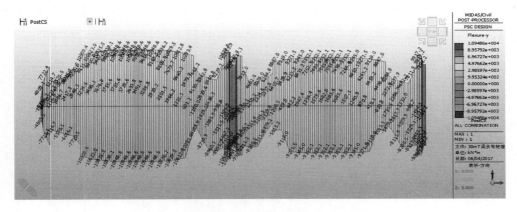

图 8-41　结构弯矩和抗弯承载力包络图(边跨和中跨)

由表 8-61 中计算结果可知,考虑负弯矩钢束减短后,T 梁抗弯承载能力满足规范要求。

(2)斜截面抗剪承载能力

根据《公路钢筋混凝土及预应力混凝土桥涵设计规范》(JTG D62—2004)5.2.7～5.2.8 条对主梁斜截面抗剪承载力进行计算。

经计算,边梁抗剪承载力计算结果见表 8-62。T 梁结构剪力和抗剪承载力包络图如图 8-42 所示。

边梁主要截面抗剪承载力计算结果 表 8-62

截面位置		控制剪力(kN)	抗剪强度(kN)	是 否 满 足
边跨	边支点处截面	1601.7	2665.1	是
	变腹板厚度处钢束弯起点 1	1047.1	1841.9	是
	钢束弯起点 2	778.4	1743.8	是
	钢束弯起点 2	1177.9	1744.7	是
	变腹板厚度处钢束弯起点 1	1432.8	1847.9	是
	中支点处截面	1674.4	2392.7	是

续上表

截面位置		控制剪力(kN)	抗剪强度(kN)	是否满足
中跨	边支点处截面	1660.8	3045.6	是
	变腹板厚度处钢束弯起点1	1272.1	1892.1	是
	钢束弯起点2	1008.9	1679.0	是
	钢束弯起点2	9997.1	1679.0	是
	变腹板厚度处钢束弯起点1	1259.6	1767.9	是
	中支点处截面	1517.0	2308.2	是

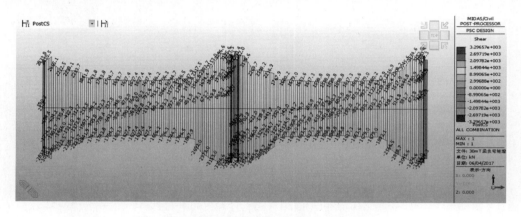

图 8-42 结构剪力和抗剪承载力包络图(边跨和中跨)

由表 8-62 中计算结果可知,考虑负弯矩钢束减短后,T 梁抗剪承载能力满足规范要求。

2)持久状况正常使用极限状态验算

根据持久状况正常使用极限状态的要求,按 A 类预应力混凝土构件进行抗裂和挠度验算。

(1)正应力验算(正截面抗裂验算)

①短期效应组合验算。

根据《公路钢筋混凝土及预应力混凝土桥涵设计规范》(JTG D62—2004)6.3.1 条,结构在持久状况正常使用极限状态下,对于 A 类预应力混凝土构件,正截面抗裂验算时,在荷载短期效应组合下,拉应力应满足 $\sigma_{st} - \sigma_{pc} \leq 0.7 f_{tk}$。对于 C50 混凝土,$0.7 f_{tk} = 1.855 \text{MPa}$。

经计算,短期效应组合正应力验算结果见表 8-63。T 梁上、下翼缘正应力如图 8-43、图 8-44 所示。

短期效应组合正应力验算　　　　　表 8-63

截面位置		上翼缘应力(MPa)	下翼缘应力(MPa)	规范限值(MPa)	是否满足
边梁	边跨	−1.28	−1.22	1.855	是
	中跨	0.54	−1.86	1.855	是

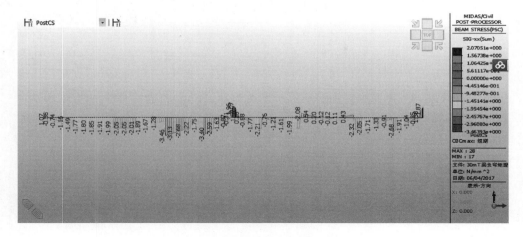

图 8-43　短期效应组合 T 梁上翼缘最大正应力

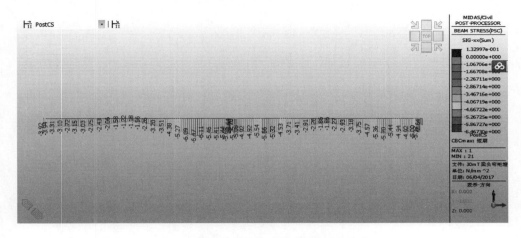

图 8-44　短期效应组合 T 梁下翼缘最大正应力

由表 8-63 中计算结果可知,考虑负弯矩钢束减短后,短期效应组合下 T 梁正应力验算结果满足规范要求。

②长期效应组合验算。

根据《公路钢筋混凝土及预应力混凝土桥涵设计规范》(JTG D62—2004)6.3.1 条,结构在持久状况正常使用极限状态下,对于 A 类预应力混凝土构件,正截面抗裂验算时,在荷载长期效应组合下,拉应力应满足 $\sigma_{lt} - \sigma_{pc} \leq 0$,即不允许出现拉应力。

经计算,长期效应组合正应力验算结果见表 8-64。T 梁上、下翼缘正应力如图 8-45、图 8-46 所示。

长期效应组合正应力验算　　　　表 8-64

截面位置		上翼缘应力(MPa)	下翼缘应力(MPa)	规范限值(MPa)	是否满足
边梁	边跨	-1.54	-2.73	0.00	是
	中跨	-0.20	-3.18	0.00	是

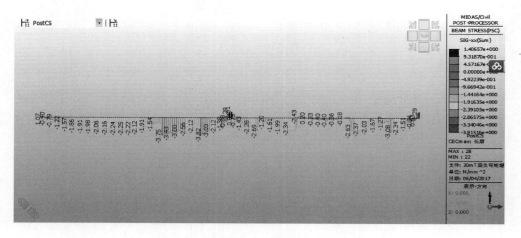

图 8-45　长期效应组合 T 梁上翼缘最大正应力

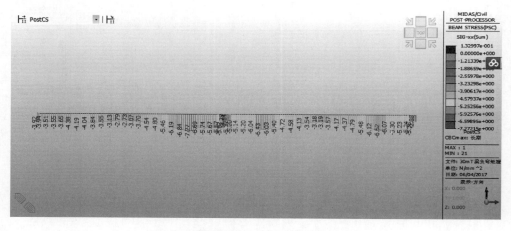

图 8-46　长期效应组合 T 梁下翼缘最大正应力

由表 8-64 中计算结果可知，考虑负弯矩钢束减短后，长期效应组合下 T 梁正应力验算结果满足规范要求。

(2) 主拉应力验算(斜截面抗裂验算)

根据《公路钢筋混凝土及预应力混凝土桥涵设计规范》(JTG D62—2004) 6.3.1 条，斜截面抗裂应对构件斜截面混凝土的主拉应力进行验算，对于 A 类预应力混凝土预制构件，在作用短期效应组合下，应满足 $\sigma_{tp} \leq 0.7 f_{tk}$。对于 C50 混凝土，$0.7 f_{tk} = 1.855 \mathrm{MPa}$。

经计算，短期效应组合下，最大主拉应力验算结果见表 8-65。T 梁最大主拉应力如图 8-47 所示。

短期效应组合主拉应力验算　　　　表 8-65

截面位置		主拉应力(MPa)	规范限值(MPa)	是否满足
边梁	边跨	0.41	1.855	是
	中跨	0.19	1.855	是

图 8-47 短期效应组合下 T 梁最大主拉应力

由表 8-65 中计算结果可知,考虑负弯矩钢束减短后,短期效应组合下 T 梁主拉应力验算结果满足规范要求。

(3)挠度验算(结构刚度验算)

根据《公路钢筋混凝土及预应力混凝土桥涵设计规范》(JTG D62—2004)6.5.3 条,受弯构件在使用阶段的挠度应考虑荷载长期效应的影响,即按荷载短期效应组合和《公路钢筋混凝土及预应力混凝土桥涵设计规范》(JTG D62—2004)6.5.2 条规定的刚度计算的挠度,乘以挠度长期增长系数 η_θ。

预应力混凝土受弯构在消除自重产生的长期挠度后,梁式桥主梁的最大挠度处不应超过计算跨径的 1/600。并且要考虑荷载长期效应的影响,对应 C50 混凝土,挠度长期增长系数 $\eta_\theta = 1.425$。

根据《公路钢筋混凝土及预应力混凝土桥涵设计规范》(JTG D62—2004)6.5.2 条,A 类预应力混凝土构件的刚度为 $B_0 = 0.95 E_c I_0$。

挠度计算结果见表 8-66。

挠度计算结果　　　　　　　　　　　表 8-66

截面位置		最大挠度(m)	最小挠度(m)	挠度和(m)	长期挠度(m)	规范限值(m)	是否满足
边梁	边跨	0.0043	-0.0129	0.0173	0.025	0.051	是
	中跨	0.0056	-0.0104	0.0160	0.023	0.051	是

由表 8-66 中计算结果可知,考虑负弯矩钢束减短后,T 梁挠度验算结果满足规范要求。

3)持久状况构件的应力验算

根据《公路钢筋混凝土及预应力混凝土桥涵设计规范》(JTG D62—2004)7.1.1 条,按持久状况设计的预应力混凝土受弯构件,应计算其使用阶段正截面混凝土法向压应力和斜截面混凝土的主压应力,并不超过相应限值。

(1)正压应力验算

根据《公路钢筋混凝土及预应力混凝土桥涵设计规范》(JTG D62—2004)7.1.5 条,使用阶段预应力混凝土受弯构件正截面混凝土的最大正应力应符合 $\sigma_{kc} + \sigma_{pc} \leq 0.5 f_{tk}$。对于 C50 混凝土，$0.5 f_{tk} = 16.2 \text{MPa}$。

经计算，标准组合下最大正压应力验算结果见表 8-67。标准组合下 T 梁上、下翼缘最大正压应力如图 8-48、图 8-49 所示。

持久状况正压应力验算　　　　　　　　　　　表 8-67

截面位置		上翼缘应力(MPa)	下翼缘应力(MPa)	规范限值(MPa)	是否满足
边梁	边跨	-11.61	-12.18	-16.20	是
	中跨	-10.44	-11.99	-16.20	是

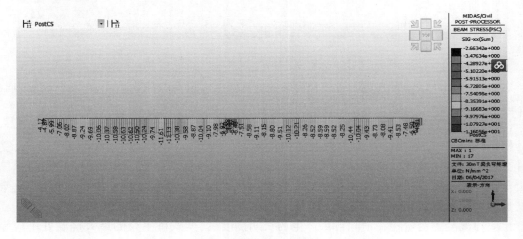

图 8-48　标准组合下 T 梁上、下翼缘最大正压应力

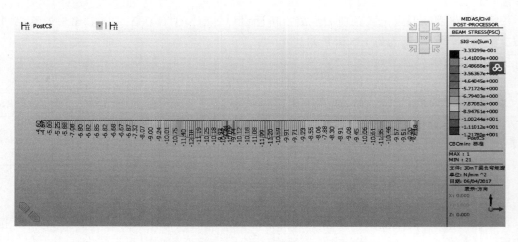

图 8-49　标准组合下 T 梁上、下翼缘最大正压应力

由表 8-67 中计算结果可知，考虑负弯矩钢束减短后，标准组合下 T 梁最大正压应力验算结果满足规范要求。

(2) 主压应力验算

根据《公路钢筋混凝土及预应力混凝土桥涵设计规范》(JTG D62—2004) 7.1.6 条, 预应力混凝土受弯构件由作用标准值和预加力产生的混凝土主压应力 σ_{cp} 应符合 $\sigma_{cp} \leq 0.6 f_{tk}$。对于 C50 混凝土, $0.6 f_{tk} = 19.44 \text{MPa}$。

经计算, 标准组合下最大主压应力验算结果见表 8-68。标准组合下 T 梁最大主压应力如图 8-50 所示。

持久状况主压应力验算   表 8-68

截面位置		主压应力(MPa)	规范限值(MPa)	是否满足
边跨边梁	边跨	−6.00	19.44	是
	中跨	−5.35	19.44	是

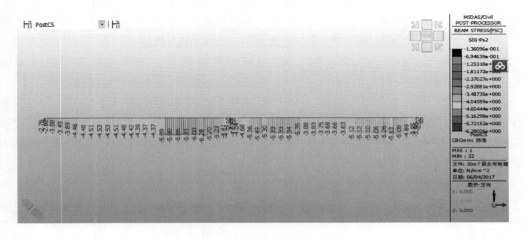

图 8-50　标准组合下 T 梁最大主压应力

由表 8-68 中计算结果可知, 考虑负弯矩钢束减短后, 标准组合下 T 梁主压应力验算结果满足规范要求。

8.5.8　主要结论和建议

1) 主要结论

(1) 缺陷对结构抗弯承载能力没有影响, 考虑负弯矩钢束减短后, 结构抗弯承载能力验算结果满足规范要求。

(2) 缺陷对结构抗剪承载能力没有影响, 考虑负弯矩钢束减短后, 结构抗剪承载能力验算结果满足规范要求。

(3) 缺陷对结构正拉应力(正截面抗裂)影响较小, 考虑负弯矩钢束减短后, 结构正截面应力验算结果满足规范要求。

(4) 缺陷对结构主拉应力(斜截面抗裂)影响较小, 考虑负弯矩钢束减短后, 结构主拉应力验算结果满足规范要求。

(5) 缺陷对结构挠度(结构刚度)影响较小, 考虑负弯矩钢束减短后, 结构挠度验算结果满足规范要求。

（6）缺陷对结构正压应力影响较小，考虑负弯矩钢束减短后，结构正压应力验算结果满足规范要求。

（7）缺陷对结构主压应力影响较小，考虑负弯矩钢束减短后，结构主压应力验算结果满足规范要求。

2）有关建议

在其钢束用量满足T梁设计钢束用量的前提下，对于负弯矩钢束减短的缺陷可不作处理，维持正常使用即可。

8.6 T梁钻孔缺陷

8.6.1 项目概况

某大桥（右幅）上部结构为 $4 \times (4 \times 30m)$ 预应力混凝土T梁。桥梁横断面总宽度为12.0m，净宽11.0m，双向四车道，布置5片梁，梁间距2.45m。设计汽车荷载为公路—Ⅰ级。

根据桥梁交工验收前工程质量自检、中间交工检测存在问题，该桥1-2号、1-5号和4-2号T梁在施工过程中发生了波纹管堵塞的情况，预应力钢束无法穿过。为此，施工单位在波纹管堵塞部位进行了钻孔，疏通波纹管后用环氧砂浆对钻孔进行了封堵，后进行穿束并张拉，由此造成了T梁混凝土的钻孔缺陷。

T梁钻孔缺陷部位见表8-69，缺陷如图8-51～图8-57所示。

某大桥T梁钻孔缺陷一览表　　　　　表8-69

T梁编号	缺陷部位
1-2号	N1钢束距B端5.3～7.0m长度范围
1-5号	N2钢束距B端7.7m及距B端14m长度范围
4-2号	N2钢束在距B端9.8～14.6m长度范围

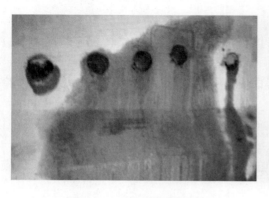

图8-51　1-2号T梁钻孔疏堵

图8-52　1-5号T梁钻孔疏堵

图 8-53　4-2 号 T 梁钻孔疏堵

图 8-54　1-2 号 T 梁腹板修补痕迹（一）

图 8-55　1-2 号 T 梁腹板修补痕迹（二）

图 8-56　1-5 号 T 梁马蹄修补痕迹（一）

图 8-57　1-5 号 T 梁马蹄修补痕迹（二）

8.6.2　咨询依据及规范

(1)《公路工程基本建设项目设计文件编制办法》(交公路发〔2007〕358 号)
(2)《公路工程技术标准》(JTG B01—2003)
(3)《公路桥涵设计通用规范》(JTG D60—2004)
(4)《公路钢筋混凝土及预应力混凝土桥涵设计规范》(JTG D62—2004)

(5)《公路桥涵施工技术规范》(JTG/T F50—2011)
(6)《公路桥梁加固设计规范》(JTG/T J22—2008)
(7)《公路桥梁加固施工技术规范》(JTG/T J23—2008)

8.6.3 咨询内容与技术标准

1)咨询内容
对某大桥(右幅)存在钻孔缺陷的 T 梁进行安全性技术咨询。

2)技术标准
咨询采用原设计技术标准。
(1)桥面宽度:总宽 12.0m,净宽 11.0m。
(2)梁片数及间距:5 片梁,梁间距 2.45m。
(3)汽车荷载:公路—Ⅰ级。
(4)行车道数:双向四车道。

8.6.4 主要材料指标

1)混凝土材料
预应力混凝土 T 梁采用 C50 混凝土,其材料力学性能指标见表 8-70。

主要混凝土材料力学性能指标　　　　　　表 8-70

指标	弹性模量(MPa)	重度(kN/m³)	轴心抗压设计强度(MPa)	抗拉设计强度(MPa)	轴心抗压标准强度(MPa)	抗拉标准强度(MPa)
C50	3.45×10^4	26	22.4	1.83	32.4	2.65

2)预应力钢绞线
预应力钢绞线采用抗拉强度标准值 $f_{pk}=1860$MPa 的低松弛高强度钢绞线,公称直径为 15.24mm,公称面积为 140mm²,张拉控制应力 $\sigma_{con}=1395$MPa,弹性模量 $E_p=1.95 \times 10^5$MPa,松弛率取 3.5%,其材料力学性能指标见表 8-71。

主要预应力材料力学性能指标　　　　　　表 8-71

公称直径(mm)	截面面积(mm²)	单位质量(kg/m)	标准强度(MPa)	弹性模量(MPa)	松弛级别
15.24	140	1.102	1860	1.95×10^5	Ⅱ

3)普通钢筋
普通钢筋采用热轧 HPB300、HRB400 钢筋,主要指标见表 8-72。

普通钢筋材料力学性能指标　　　　　　表 8-72

钢筋种类	抗拉设计强度(MPa)	抗压设计强度(MPa)	标准强度(MPa)	弹性模量(MPa)
HPB300	270	270	300	2.1×10^5
HRB400	330	330	400	2.0×10^5

8.6.5 活载横向分布系数与汽车荷载冲击系数

结构计算采用平面杆系有限元计算,考虑活载的横向分布,进行影响线加载。活载横向分布系数按空间结构分析计算。汽车荷载冲击系数按《公路桥涵设计通用规范》(JTG D60—2004)4.3.2条计算。

1) 活载横向分布系数

主梁跨中活载横向分布系数按刚接板梁法计算,主梁支点活载横向分布系数按杠杆法计算。主梁跨中截面特性(使用阶段大截面)计算结果见表8-73。

主梁截面特性(跨中)　　　　　　　　　　　　　　　表8-73

截面位置	截面特性		
	截面面积(m^2)	抗弯惯性矩(m^4)	抗扭惯性矩(m^4)
边梁跨中	0.9425	0.4580	0.0184
中梁跨中	0.9500	0.4628	0.0178

上部结构主梁在活载作用下为五等跨连续梁结构,跨中活载横向分布系数的计算按等刚度换算原则换算为跨度相同的等截面简支梁。根据《公路桥涵设计手册——梁桥(下册)》(P204),主梁等效刚度修正系数边跨为$C_w = 1.432$,中跨为$C_w = 1.86$。主梁边、中跨跨中截面等效抗弯惯性矩见表8-74。

主梁等效截面特性(跨中)　　　　　　　　　　　　表8-74

截面位置	截面特性	
	边跨等效抗弯惯性矩(m^4)	中跨等效抗弯惯性矩(m^4)
边梁跨中	0.6559	0.8519
中梁跨中	0.6627	0.8608

计算得主梁横向分布系数见表8-75。

主梁横向分布系数　　　　　　　　　　　　　　　　表8-75

位置	横向分布系数			
	边跨		中跨	
	边梁	中梁	边梁	中梁
跨中	0.711	0.768	0.708	0.786
支点	0.706	0.856	0.706	0.856

2) 汽车荷载冲击系数

根据《公路桥涵设计通用规范》(JTG D60—2004)4.3.2条,计算得主梁汽车荷载冲击系数见表8-76。

汽车荷载冲击系数　　　　　　　　　　　　　　　　表8-76

梁位		边跨冲击系数	中跨冲击系数
边梁	正弯矩区	0.341	0.364
	负弯矩区	0.438	0.450
中梁	正弯矩区	0.340	0.364
	负弯矩区	0.438	0.450

8.6.6 计算荷载、荷载组合与计算模型

1）计算荷载

计算考虑的荷载及其数量见表 8-77。

计算荷载及其数量   表8-77

序号	荷载类型	单位	数量	备注
1	结构自重	kN/m³	26.0	
2	齿板重量	kN/m	5.46	
3	横梁重量（边梁）	kN	9.19	
4	横梁重量（中梁）	kN	18.38	
5	翼板接缝（边梁）	kN/m	1.52	不考虑参与受力
6	翼板接缝（中梁）	kN/m	3.04	
7	混凝土铺装	kN/m	6.37	
8	沥青铺装	kN/m	5.88	
9	护栏重量（边梁）	kN/m	11.11	按影响线加载
10	护栏重量（中梁）	kN/m	3.85	
11	预应力荷载	MPa	1395	
12	整体升温	℃	25.0	
13	整体降温	℃	25.0	
14	梯度升温	℃	14.00, 5.50	
15	梯度降温	℃	-7.00, -2.75	
16	收缩徐变	d	3000	
17	汽车荷载	分布系数	0.786	公路—Ⅰ级

2）荷载组合

根据《公路桥涵设计通用规范》(JTG D60—2004) 4.1.5 ~ 4.1.8 条进行结构内力组合。

3）计算模型

采用 MIDAS Civil 软件建立结构单梁模型，按活载横向分布系数加载，模型如图 8-58 所示。

图 8-58　结构有限元模型

对于T梁钻孔缺陷部位,采用截面挖空的方法模拟,偏安全的不考虑修补材料参与结构受力。T梁原截面和T梁缺陷截面分别如图8-59、图8-60所示。

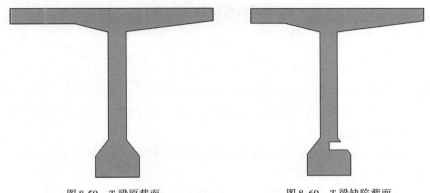

图8-59　T梁原截面　　　　　　　图8-60　T梁缺陷截面

4)施工阶段

施工阶段见表8-78。

施工阶段　　　　　　　　　　表8-78

施工阶段	施工天数	施工内容
CS1	15	场内预制T形梁,张拉正弯矩预应力束
CS2	2	预制场存梁2d
CS3	15	架梁,浇筑横隔板
CS4	5	现浇第1、3个墩顶实接头混凝土
CS5	3	张拉第1、3个墩顶负弯矩束
CS6	5	现浇第2个墩顶实接头混凝土
CS7	3	张拉第2个墩顶负弯矩束
CS8	2	拆除临时支座,转换为永久支座
CS9	5	浇筑翼板湿接缝
CS10	5	混凝土铺装施工
CS11	5	防撞护栏施工
CS12	5	沥青混凝土铺装施工
CS13	3000	收缩徐变3000d

8.6.7　计算结果

1)持久状况承载能力极限状态验算

根据《公路钢筋混凝土及预应力混凝土桥涵设计规范》(JTG D62—2004)4.2.2条,计算得边跨T梁翼缘有效宽度为2.20m,中跨T梁翼缘有效宽度为2.04m。边跨T梁预制阶段翼缘宽度为2.10m,中跨T梁预制阶段翼缘宽度为1.80m,此处均以预制截面计算。

(1)正截面抗弯承载能力

按照《公路钢筋混凝土及预应力混凝土桥涵设计规范》(JTG D62—2004)5.1.5条进行主

梁承载能力极限状态内力组合。

经计算,主梁原跨中截面和缺陷跨中截面弯矩及抗力见表8-79。

正截面抗弯强度验算结果　　　　　　　表8-79

梁位	截面	组合弯矩(kN·m)	容许强度(kN·m)	是否满足
边跨边梁	跨中原截面	10183.2	10948.6	是
	跨中缺陷截面	10297.6	10948.6	是

由表8-79中计算结果可知,考虑钻孔缺陷后,T梁抗弯承载能力满足规范要求。

(2)斜截面抗剪承载能力

根据《公路钢筋混凝土及预应力混凝土桥涵设计规范》(JTG D62—2004)5.2.7~5.2.8条对主梁斜截面抗剪承载力进行计算。

经计算,边梁钻孔部位原截面与缺陷截面抗剪承载力计算结果见表8-80。

边梁主要截面抗剪承载力计算结果　　　　　　　表8-80

截面位置	控制剪力(kN)	抗剪强度(kN)	是否满足
边跨边梁	原截面变腹板厚度处	1064.6	1743.7	是
	缺陷截面变腹板厚度处	1054.4	1667.3	是

由表8-80中计算结果可知,考虑钻孔缺陷后,T梁抗剪承载能力满足规范要求。

2)持久状况正常使用极限状态验算

根据持久状况正常使用极限状态的要求,按A类预应力混凝土构件进行抗裂和挠度验算。

(1)正应力验算(正截面抗裂验算)

①短期效应组合验算。

根据《公路钢筋混凝土及预应力混凝土桥涵设计规范》(JTG D62—2004)6.3.1条,结构在持久状况正常使用极限状态下,对于A类预应力混凝土构件,正截面抗裂验算时,在荷载短期效应组合下,拉应力应满足$\sigma_{st} - \sigma_{pc} \leq 0.7 f_{tk}$。对于C50混凝土,$0.7 f_{tk} = 1.855 \text{MPa}$。

经计算,短期效应组合正应力验算结果见表8-81。

短期效应组合正应力验算　　　　　　　表8-81

截面位置	上缘应力(MPa)	下缘应力(MPa)	规范限值(MPa)	是否满足
边跨边梁	原截面	-1.16	-1.48	1.855	是
	缺陷截面	-1.14	-1.60	1.855	是

由表8-81中计算结果可知,考虑钻孔缺陷后,短期效应组合下T梁正应力验算结果满足规范要求。

②长期效应组合验算。

根据《公路钢筋混凝土及预应力混凝土桥涵设计规范》(JTG D62—2004)6.3.1条,结构在持久状况正常使用极限状态下,对于A类预应力混凝土构件,正截面抗裂验算时,在荷载长期效应组合下,拉应力应满足$\sigma_{st} - \sigma_{pc} \leq 0$,即不允许出现拉应力。

经计算,长期效应组合正应力验算结果见表8-82。

长期效应组合正应力验算 表8-82

截面位置		上缘应力(MPa)	下缘应力(MPa)	规范限值(MPa)	是否满足
边跨边梁	原截面	-1.43	-3.01	0.00	是
	缺陷截面	-1.39	-3.12	0.00	是

由表8-82中计算结果可知,考虑钻孔缺陷后,长期效应组合下T梁正应力验算结果满足规范要求。

(2)主拉应力验算(斜截面抗裂验算)

根据《公路钢筋混凝土及预应力混凝土桥涵设计规范》(JTG D62—2004)6.3.1条,斜截面抗裂应对构件斜截面混凝土的主拉应力进行验算,对于A类预应力混凝土预制构件,在荷载短期效应组合下,应满足$\sigma_{tp} \leq 0.7 f_{tk}$。对于C50混凝土,$0.7 f_{tk} = 1.855 \text{MPa}$。

经计算,短期效应组合下,最大主拉应力验算结果见表8-83。

短期效应组合主拉应力验算 表8-83

截面位置		主拉应力(MPa)	规范限值(MPa)	是否满足
边跨边梁	原截面	0.53	1.855	是
	缺陷截面	0.54	1.855	是

由表8-83中计算结果可知,考虑钻孔缺陷后,短期效应组合下T梁主拉应力验算结果满足规范要求。

(3)挠度验算(结构刚度验算)

根据《公路钢筋混凝土及预应力混凝土桥涵设计规范》(JTG D62—2004)6.5.3条,受弯构件在使用阶段的挠度应考虑荷载长期效应的影响,即按荷载短期效应组合和《公路钢筋混凝土及预应力混凝土桥涵设计规范》(JTG D62—2004)6.5.2条规定的刚度计算的挠度,乘以挠度长期增长系数η_θ。

预应力混凝土受弯构在消除自重产生的长期挠度后,梁式桥主梁的最大挠度处不应超过计算跨径的1/600。并且要考虑荷载长期效应的影响,对应C50混凝土,挠度长期增长系数$\eta_\theta = 1.425$。

根据《公路钢筋混凝土及预应力混凝土桥涵设计规范》(JTG D62—2004)6.5.2条,A类预应力混凝土构件的刚度为$B_0 = 0.95 E_c I_0$。

挠度计算结果见表8-84。

挠度计算结果 表8-84

截面位置		最大挠度(m)	最小挠度(m)	挠度和(m)	长期挠度(m)	规范限值(m)	是否满足
边跨边梁	原截面	0.0044	-0.0131	0.0175	0.025	0.05	是
	缺陷截面	0.0045	-0.0136	0.0181	0.026	0.05	是

由表8-84中计算结果可知,考虑钻孔缺陷后,T梁挠度验算结果满足规范要求。

3)持久状况构件的应力验算

根据《公路钢筋混凝土及预应力混凝土桥涵设计规范》(JTG D62—2004)7.1.1条,按持久状况设计的预应力混凝土受弯构件,应计算其使用阶段正截面混凝土法向压应力和斜截面混凝土的主压应力,并不超过相应限值。

(1)正压应力验算

根据《公路钢筋混凝土及预应力混凝土桥涵设计规范》(JTG D62—2004)7.1.5条,使用阶段预应力混凝土受弯构件正截面混凝土的最大正应力应符合$\sigma_{kc} + \sigma_{pc} \leq 0.5 f_{tk}$。对于C50混凝土,$0.5 f_{tk} = 16.2 \mathrm{MPa}$。

经计算,标准组合下最大正压应力验算结果见表8-85。

持久状况正压应力验算   表8-85

截面位置		上缘应力(MPa)	下缘应力(MPa)	规范限值(MPa)	是否满足
边跨边梁	原截面	-10.52	-12.38	-16.20	是
	缺陷截面	-10.73	-12.37	-16.20	是

由表8-85中计算结果可知,考虑钻孔缺陷后,标准组合下T梁最大正压应力验算结果满足规范要求。

(2)主压应力验算

根据《公路钢筋混凝土及预应力混凝土桥涵设计规范》(JTG D62—2004)7.1.6条,预应力混凝土受弯构件由作用标准值和预加力产生的混凝土主压应力σ_{cp}应符合$\sigma_{cp} \leq 0.6 f_{tk}$。对于C50混凝土,$0.6 f_{tk} = 19.44 \mathrm{MPa}$。

经计算,标准组合下最大主压应力验算结果见表8-86。

持久状况主压应力验算   表8-86

截面位置		主压应力(MPa)	规范限值(MPa)	是否满足
边跨边梁	原截面	-6.85	19.44	是
	缺陷截面	-9.02	19.44	是

由表8-86中计算结果可知,考虑钻孔缺陷后,标准组合下T梁主压应力验算结果满足规范要求。

8.6.8 主要结论和建议

1)主要结论

(1)钻孔缺陷对结构抗弯承载能力没有影响,考虑钻孔缺陷后,结构抗弯承载能力验算结果满足规范要求。

(2)钻孔缺陷对结构抗剪承载能力影响较小,考虑钻孔缺陷后,结构抗剪承载能力验算结果满足规范要求。

(3)钻孔缺陷对结构正拉应力(正截面抗裂)影响较小,考虑钻孔缺陷后,结构正截面应力验算结果满足规范要求。

(4)钻孔缺陷对结构主拉应力(斜截面抗裂)影响较小,考虑钻孔缺陷后,结构主拉应力验算结果满足规范要求。

(5) 钻孔缺陷对结构挠度(结构刚度)影响较小,考虑钻孔缺陷后,结构挠度验算结果满足规范要求。

(6) 钻孔缺陷对结构正压应力影响较小,考虑钻孔缺陷后,结构正压应力验算结果满足规范要求。

(7) 钻孔缺陷对结构主压应力影响较小,考虑钻孔缺陷后,结构主压应力验算结果满足规范要求。

2) 有关建议

在钻孔缺陷封堵密实的条件下,该T梁正常使用即可。

8.7　T梁马蹄尺寸偏差缺陷

8.7.1　项目概况

某拼宽桥(左幅)为 $4 \times 20m + 5 \times 20m + 3 \times 20m$ 预应力混凝土T梁。桥梁横断面总宽度为12.0m,净宽11.0m,双向四车道,布置5片梁,梁间距2.45m,设计汽车荷载为公路—I级。

根据桥梁交工验收前工程质量自检检测存在问题,该桥T梁马蹄高度较设计偏小,实测高度为16~19cm,(设计高度为20cm)。由此造成了T梁马蹄高度与设计高度20cm不同。

8.7.2　咨询依据及规范

(1)《公路工程基本建设项目设计文件编制办法》(交公路发[2007]358号)
(2)《公路工程技术标准》(JTG B01—2003)
(3)《公路桥涵设计通用规范》(JTG D60—2004)(以下简称《04通规》)
(4)《公路钢筋混凝土及预应力混凝土设计规范》(JTG D62—2004)(以下简称《桥规》)

8.7.3　咨询内容与技术标准

1) 咨询内容

对拼宽桥(左幅)T梁马蹄尺寸不足进行安全性分析,选取 $4 \times 20m$ 一联进行分析计算。

2) 技术标准

咨询采用原设计技术标准。
(1) 桥面宽度:总宽12.0m,净宽11.0m。
(2) 梁片数及间距:5片梁,梁间距2.45m。
(3) 汽车荷载:公路—I级。
(4) 行车道数:双向四车道。

8.7.4　主要材料指标

1) 混凝土材料

预应力混凝土T梁采用C50混凝土,其材料力学性能指标见表8-87。

主要混凝土材料力学性能指标　　　　　表8-87

指标	弹性模量（MPa）	重度（kN/m³）	轴心抗压设计强度（MPa）	抗拉设计强度（MPa）	轴心抗压标准强度（MPa）	抗拉标准强度（MPa）
C50	3.45×10^4	26	22.4	1.83	32.4	2.65

2）预应力钢绞线

预应力钢绞线采用抗拉强度标准值 $f_{pk}=1860$MPa 的低松弛高强度钢绞线，公称直径 $\phi^s15.2(7\phi5)$mm，公称面积 140mm²，抗拉强度标准值 $f_{pk}=1860$MPa，弹性模量 $E_p=1.95 \times 10^5$MPa，松弛率取 3.5%，其材料力学性能指标见表8-88。

主要预应力材料力学性能指标　　　　　表8-88

公称直径（mm）	截面面积（mm²）	单位质量（kg/m）	标准强度（MPa）	弹性模量（MPa）	松弛级别
15.2	140	1.102	1860	1.95×10^5	Ⅱ

3）普通钢筋

普通钢筋采用热轧 HPB300、HRB400 钢筋，主要指标见表8-89。

普通钢筋材料力学性能指标　　　　　表8-89

钢筋种类	抗拉设计强度（MPa）	抗压设计强度（MPa）	标准强度（MPa）	弹性模量（MPa）
HPB300	270	270	300	2.1×10^5
HRB400	330	330	400	2.0×10^5

8.7.5　活载横向分布系数与汽车荷载冲击系数

结构计算采用平面杆系有限元计算，考虑活载的横向分布，进行影响线加载。活载横向分布系数按空间结构分析计算。汽车荷载冲击系数按《公路桥涵设计通用规范》（JTG D60—2004）4.3.2 条计算。

1）活载横向分布系数

主梁跨中活载横向分布系数按刚接板梁法计算，主梁支点活载横向分布系数按杠杆法计算。主梁跨中截面特性计算结果见表8-90。

主梁截面特性（跨中）　　　　　表8-90

截面位置		截面特性	
		抗弯惯性矩（m⁴）	抗扭惯性矩（m⁴）
原设计桥梁	中梁跨中	0.1878	0.0134
	边梁跨中	0.1955	0.0146
实际桥梁	中梁跨中	0.1822	0.0125
	边梁跨中	0.1895	0.0137

上部结构主梁在活载作用下为四等跨连续梁结构，跨中活载横向分布系数的计算按等刚度换算原则换算为跨度相同的等截面简支梁。根据《公路桥涵设计手册——梁桥（下册）》（P204），主梁等效刚度修正系数边跨为 $C_w=1.432$，中跨为 $C_w=1.86$。主梁边、中跨跨中截面等效抗弯惯性矩见表8-91。

主梁等效截面特性(跨中)　　　　　　　　　　　表8-91

截 面 位 置		截 面 特 性	
		边跨等效抗弯惯性矩(m⁴)	中跨等效抗弯惯性矩(m⁴)
原设计桥梁	中梁跨中	0.2689	0.3493
	边梁跨中	0.2799	0.3635
实际桥梁	中梁跨中	0.2609	0.3389
	边梁跨中	0.2713	0.3524

计算得主梁横向分布系数见表8-92。

主梁横向分布系数　　　　　　　　　　　表8-92

位　　置		横向分布系数			
		边跨		中跨	
		边梁	中梁	边梁	中梁
原设计桥梁	跨中	0.765	0.497	0.766	0.520
	支点	0.674	0.868	0.674	0.868
实际桥梁	跨中	0.767	0.497	0.764	0.510
	支点	0.674	0.868	0.674	0.868

2)汽车荷载冲击系数

根据《公路桥涵设计通用规范》(JTG D60—2004)4.3.2条,计算得主梁汽车荷载冲击系数见表8-93。

汽车荷载冲击系数　　　　　　　　　　　表8-93

位　　置		冲击系数
原设计桥梁	正弯矩区	0.336
	负弯矩区	0.436
实际桥梁	正弯矩区	0.337
	负弯矩区	0.435

8.7.6　计算荷载、荷载组合与计算模型

1)计算荷载

计算考虑的荷载及其数量见表8-94。

计算荷载及其数量　　　　　　　　　　　表8-94

序号	荷载类型	单位	数量	备注
1	结构自重	kN/m³	26.0	
2	横梁重量(边梁)	kN	8.0	
3	混凝土铺装	kN/m	6.4	

续上表

序号	荷载类型	单位	数量	备注
4	沥青铺装	kN/m	5.9	
5	护栏重量(边梁)	kN/m	1.6	
6	预应力荷载	MPa	1395	
7	整体升温	℃	25.0	
8	整体降温	℃	25.0	
9	梯度升温	℃	5.5,0	考虑混凝土桥面铺装厚,10cm
10	梯度降温	℃	-2.75,0	考虑混凝土桥面铺装厚度10cm
11	收缩徐变	d	3000	
12	不均匀沉降	mm	5	
13	汽车荷载	分布系数	按表8-92考虑	公路—Ⅰ级

2）荷载组合

根据《公路桥涵设计通用规范》(JTG D60—2004) 4.1.5～4.1.8 条进行结构内力组合。

3）计算模型

采用桥梁博士软件建立结构单梁模型，按活载横向分布系数加载，模型如图8-61所示。

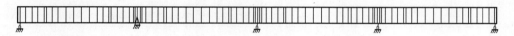

图8-61 结构有限元模型

对于T梁马蹄高度，跨中取16cm，并向两侧线性变化。假定T梁除马蹄高度变化外，其余T梁参数与原设计相同。跨中T梁设计截面和T梁实际截面分别如图8-62、图8-63所示。

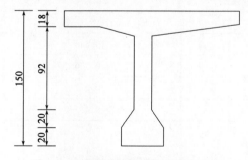

图8-62 T梁原设计截面(尺寸单位:cm)

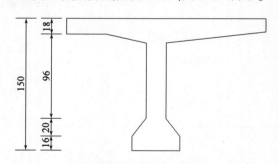

图8-63 T梁实际截面(尺寸单位:cm)

4）施工阶段

施工阶段见表8-95。

施工阶段　　表8-95

施工阶段	施工天数	施工内容
CS1	10	场内预制T形梁，张拉正弯矩预应力束
CS2	60	预制场存梁60d
CS3	2	架梁，浇筑横隔板及湿接缝

续上表

施工阶段	施工天数	施工内容
CS4	4	现浇墩顶实接头混凝土
CS5	10	张拉墩顶负弯矩束
CS8	10	拆除临时支座,转换为永久支座
CS10	10	桥面铺装和护栏施工
CS11	3000	收缩徐变3000d

8.7.7 计算结果

1) 持久状况承载能力极限状态验算

按照《公路钢筋混凝土及预应力混凝土桥涵设计规范》(JTG D62—2004)对连续梁桥设计桥及实际桥梁进行计算分析,提取控制截面受力特性进行对比分析。

(1) 正截面抗弯承载能力

按照《公路钢筋混凝土及预应力混凝土桥涵设计规范》(JTG D62—2004)5.1.5条进行主梁承载能力极限状态内力组合。

经计算,主梁原设计跨中截面和实际跨中截面弯矩及抗力见表8-96。

正截面抗弯强度验算结果 表8-96

梁位	截面	组合弯矩(kN·m)	容许强度(kN·m)	是否满足
边跨边梁	原桥跨中截面	4440	6230	是
边跨边梁	实际跨中截面	4470	6230	是
中跨边梁	原桥跨中截面	3800	5540	是
中跨边梁	实际跨中截面	3810	5540	是

由表8-96中计算结果可知,实际桥梁和原设计桥梁,T梁抗弯承载能力满足规范要求。

(2) 斜截面抗剪承载能力

根据《公路钢筋混凝土及预应力混凝土桥涵设计规范》(JTG D62—2004)5.2.6条,主梁斜截面抗剪承载力计算位置如下:

①距1号墩支点$h/2$处截面;

②受拉区弯起钢筋弯起点处截面;

③箍筋数量或间距改变处的截面;

④腹板宽度变化处截面。

根据《公路钢筋混凝土及预应力混凝土桥涵设计规范》(JTG D62—2004)5.2.7~5.2.8条,主梁斜截面抗剪承载力采用如下公式计算:

$$\gamma_0 V_d \leq V_{cs} + V_{pb}$$

式中各参数意义详见《公路钢筋混凝土及预应力混凝土桥涵设计规范》(JTG D62—2004)5.2.7条。

经计算,边梁及中梁各截面抗剪承载力计算结果见表8-97。

边梁主要截面抗剪承载力计算结果　　　　　表 8-97

截面位置		原设计桥梁		实际桥梁		原设计是否满足	实际桥梁是否满足
		控制截面剪力(kN)	容许承载力(kN)	控制截面剪力(kN)	容许承载力(kN)		
边跨	边支点处截面	1045	1731.8	1067	1731.8	是	是
	变腹板厚度处	833	1843.6	836.5	1845.2	是	是
	钢束弯起点1	730.1	1720.3	727.7	1720.3	是	是
	钢束弯起点2	493	975.8	489.7	975.8	是	是
	箍筋间距改变处	408.6	933.1	405.5	933.1	是	是
	钢束弯起点3	368.2	921.6	365.2	921.6	是	是
	箍筋间距改变处	-866	-1642	-866.2	-1640.2	是	是
	变腹板厚度处	-1037	-2113.9	-1039	-2113.9	是	是
	中支点处截面	529.2	1576.6	506.4	1576.6	是	是
中跨	中支点处截面	1080.2	1990.1	1079.3	1990.1	是	是
	变腹板厚度处	1040.4	2040.6	1039.5	2040.6	是	是
	钢束弯起点1	997.5	1925.3	996.6	1925.3	是	是
	钢束弯起点2	585.4	922.2	598.8	921.7	是	是
	箍筋间距改变处	487.4	870.4	487.2	870.4	是	是
	钢束弯起点3	445.8	854.2	445.7	854.2	是	是

由表 8-97 中计算结果可知,实际桥梁 T 梁抗剪承载能力满足规范要求。

2)持久状况正常使用极限状态验算

根据持久状况正常使用极限状态的要求,按 A 类预应力混凝土构件进行抗裂和挠度验算。

(1)正应力验算(正截面抗裂验算)。

①短期效应组合验算。

根据《公路钢筋混凝土及预应力混凝土桥涵设计规范》(JTG D62—2004)6.3.1 条,结构在持久状况正常使用极限状态下,对于 A 类预应力混凝土构件,正截面抗裂验算时,在荷载短期效应组合下,拉应力应满足 $\sigma_{st} - \sigma_{pc} \leq 0.7 f_{tk}$。对于 C50 混凝土,$0.7 f_{tk} = 1.855 \text{MPa}$。经计算,短期效应组合正应力验算结果见表 8-98。

短期效应组合正应力验算　　　　　表 8-98

截面位置		上翼缘应力(MPa)	下翼缘应力(MPa)	规范限值(MPa)	是否满足
边跨边梁	原设计桥梁截面	0.81	-0.88	1.855	是
	实际桥梁截面	0.75	-0.67	1.855	是

由表 8-98 中计算结果可知,实际桥梁短期效应组合下 T 梁正应力验算结果满足规范要求。

②长期效应组合验算。

根据《公路钢筋混凝土及预应力混凝土桥涵设计规范》(JTG D62—2004)6.3.1 条,结构在持久状况正常使用极限状态下,对于 A 类预应力混凝土构件,正截面抗裂验算时,在荷载长期效应组合下,拉应力应满足 $\sigma_{st} - \sigma_{pc} \leq 0$,即不允许出现拉应力。

经计算,长期效应组合正应力验算结果见表 8-99。

长期效应组合正应力验算　　　　　　　　表 8-99

截面位置		上翼缘应力(MPa)	下翼缘应力(MPa)	规范限值(MPa)	是否满足
边跨边梁	原设计桥梁截面	−0.59	−3.07	0.00	是
	实际桥梁截面	−0.63	−3.1	0.00	是

由表 8-99 中计算结果可知,实际桥梁长期效应组合下 T 梁正应力验算结果满足规范要求。

(2)主拉应力验算(斜截面抗裂验算)

根据《公路钢筋混凝土及预应力混凝土桥涵设计规范》(JTG D62—2004)6.3.1 条,斜截面抗裂应对构件斜截面混凝土的主拉应力进行验算,对于 A 类预应力混凝土预制构件,在荷载短期效应组合下,应满足 $\sigma_{tp} \leq 0.7 f_{tk}$。对于 C50 混凝土,$0.7 f_{tk} = 1.855 \text{MPa}$。

经计算,短期效应组合下,最大主拉应力验算结果见表 8-100。

短期效应组合主拉应力验算　　　　　　　　表 8-100

截面位置		主拉应力(MPa)	规范限值(MPa)	是否满足
边跨边梁	原设计桥梁截面	0.76	1.855	是
	实际桥梁截面	0.80	1.855	是

由表 8-100 中计算结果可知,实际桥梁短期效应组合下 T 梁主拉应力验算结果满足规范要求。

(3)挠度验算(结构刚度验算)

根据《公路钢筋混凝土及预应力混凝土桥涵设计规范》(JTG D62—2004)6.5.3 条,受弯构件在使用阶段的挠度应考虑荷载长期效应的影响,即按荷载短期效应组合和《公路钢筋混凝土及预应力混凝土桥涵设计规范》(JTG D62—2004)6.5.2 条规定的刚度计算的挠度,乘以挠度长期增长系数 η_θ。

预应力混凝土受弯构件消除自重产生的长期挠度后,梁式桥主梁的最大挠度处不应超过计算跨径的 1/600。并且要考虑荷载长期效应的影响,对应 C50 混凝土,挠度长期增长系数 $\eta_\theta = 1.425$。

根据《公路钢筋混凝土及预应力混凝土桥涵设计规范》(JTG D62—2004)6.5.2 条,A 类预应力混凝土构件的刚度为 $B_0 = 0.95 E_c I_c$。

挠度计算结果见表 8-101。

挠度计算结果　　　　　　　　表 8-101

截面位置		最大挠度(m)	最小挠度(m)	挠度和(m)	长期挠度(m)	规范限值(m)	是否满足
原设计桥梁边梁	边跨	0.0092	−0.0054	0.0146	0.022	0.034	是
	中跨	0.0098	−0.00455	0.0143	0.021	0.034	是
实际桥梁边梁	边跨	0.0091	−0.0053	0.0144	0.021	0.034	是
	中跨	0.0098	−0.00443	0.0143	0.021	0.034	是

由表 8-101 中计算结果可知,实际桥梁 T 梁挠度验算结果满足规范要求。

3)持久状况构件的应力验算

根据《公路钢筋混凝土及预应力混凝土桥涵设计规范》(JTG D62—2004)7.1.1 条,按持久状况设计的预应力混凝土受弯构件,应计算其使用阶段正截面混凝土法向压应力和斜截面混凝土的主压应力,并不超过相应限值。

(1)正压应力验算

根据《公路钢筋混凝土及预应力混凝土桥涵设计规范》(JTG D62—2004)7.1.5 条,使用阶段预应力混凝土受弯构件正截面混凝土的最大正应力应符合 $\sigma_{kc} + \sigma_{pt} \leq 0.5 f_{ck}$。对于 C50 混凝土,$0.5 f_{ck} = 16.2 \mathrm{MPa}$。

经计算,标准组合下最大正压应力验算结果见表 8-102。

持久状况正压应力验算　　　　　表 8-102

截面位置		上翼缘应力(MPa)	下翼缘应力(MPa)	规范限值(MPa)	是否满足
边跨	原设计桥梁截面	-7.57	-12.7	-16.20	是
	实际桥梁截面	-7.47	-12.5	-16.20	是

由表 8-102 中计算结果可知,实际桥梁标准组合下 T 梁最大正压应力验算结果满足规范要求。

(2)主压应力验算

根据《公路钢筋混凝土及预应力混凝土桥涵设计规范》(JTG D62—2004)7.1.6 条,预应力混凝土受弯构件由作用标准值和预加力产生的混凝土主压应力 σ_{cp} 和主拉应力 σ_{tp} 应符合 $\sigma_{cp} \leq 0.6 f_{ck}$。对于 C50 混凝土,$0.6 f_{ck} = 19.44 \mathrm{MPa}$。

经计算,标准组合下最大主压应力验算结果见表 8-103。

持久状况主压应力验算　　　　　表 8-103

截面位置		主压应力(MPa)	规范限值(MPa)	是否满足
边跨	原设计桥梁截面	12.7	19.44	是
	实际桥梁截面	12.5	19.44	是

由表 8-103 中计算结果可知,实际桥梁标准组合下 T 梁主压应力验算结果满足规范要求。

8.7.8　主要结论和建议

1)主要结论

(1)马蹄尺寸不足对结构抗弯承载内力影响较小,考虑马蹄尺寸变化分析后,结构抗弯承载能力验算结果满足规范要求。

(2)马蹄尺寸不足对结构抗剪承载能力影响较小,考虑马蹄尺寸变化分析后,结构抗剪承载能力验算结果满足规范要求。

(3)马蹄尺寸不足对结构正拉应力(正截面抗裂)影响较小,考虑马蹄尺寸变化分析后,结构正截面应力验算结果满足规范要求。

(4)马蹄尺寸不足对结构主拉应力(斜截面抗裂)影响较小,考虑马蹄尺寸变化分析后,结构主拉应力验算结果满足规范要求。

(5)马蹄尺寸不足对结构挠度(结构刚度)影响较小,考虑马蹄尺寸变化分析后,结构挠度验算结果满足规范要求。

(6)马蹄尺寸不足对结构正压应力影响较小,考虑马蹄尺寸变化分析后,结构正压应力验算结果满足规范要求。

(7)马蹄尺寸不足对结构主压应力影响较小,考虑马蹄尺寸变化分析后,结构主压应力验算结果满足规范要求。

2)有关建议

T梁马蹄高度较设计偏小,实测高度为16~19cm(设计高度为20cm)。由此造成了T梁马蹄高度与设计高度20cm不同。经分析后,T梁马蹄高度在16~19cm变化时,复测主梁梁高与设计相同后,该T梁可正常使用。

8.8 桥梁常规缺陷

8.8.1 设计规范及技术标准

1)设计规范

(1)《公路工程基本建设项目设计文件编制办法》(交公路发[2007]358号)
(2)《公路钢筋混凝土及预应力混凝土桥涵设计规范》(JTG D62—2004)
(3)《公路桥涵设计通用规范》(JTG D60—2004)
(4)《混凝土结构加固设计规范》(GB 50367—2013)
(5)《公路桥梁加固设计规范》(JTG/T J22—2008)
(6)《公路桥涵施工技术规范》(JTG/T F50—2011)
(7)《公路桥梁加固施工技术规范》(JTG/T J23—2008)
(8)《工程结构加固材料安全性鉴定技术规范》(GB 50728—2011)
(9)《混凝土结构后锚固技术规程》(JGJ 145—2013)
(10)《公路桥涵养护规范》(JTG H11—2004)
(11)《公路桥梁承载能力检测评定规程》(JTG/T J21—2011)
(12)《紧固件机械性能 螺栓、螺钉和螺柱》(GB/T 3098.1—2010)
(13)《优质碳素结构钢》(GB/T 699—1999)
(14)《聚合物水泥砂浆防腐蚀工程技术规程》(CECS 18:2002)

2)技术标准

本次修复处治维持原设计标准。

8.8.2 桥梁缺陷现状与影响分析

1)桥梁缺陷现状

根据工程各检测报告,桥梁工程主要缺陷情况如下:

(1) 混凝土裂缝

①钢筋混凝土现浇连续箱梁裂缝。

部分钢筋混凝土现浇连续箱梁存在裂缝，裂缝主要分布于箱梁腹板和底板部位。腹板裂缝为竖向裂缝，底板裂缝为横向裂缝，部分腹板竖向裂缝延伸至箱梁底板，最大裂缝宽度0.16mm。典型缺陷如图8-64、图8-65所示。

图8-64 钢筋混凝土箱梁腹板竖向裂缝

图8-65 钢筋混凝土箱梁底板横向裂缝

②预应力混凝土T梁翼板裂缝和翼板湿接缝裂缝。

部分预应力混凝土T梁翼板存在横向裂缝、斜向裂缝和纵向裂缝，并伴有渗水痕迹和白色结晶物析出，最大裂缝宽度0.20mm。纵向裂缝一般分布于翼板根部与腹板交接处。典型缺陷见图8-66。

大部分预应力混凝土T梁翼板湿接缝混凝土存在横向裂缝，并伴有渗水痕迹和白色结晶物析出。典型缺陷如图8-67所示。

图8-66 预应力T梁翼板裂缝、渗水

图8-67 翼板湿接缝裂缝、渗水

(2) 混凝土表面缺陷

①混凝土麻面、蜂窝。

部分桥梁混凝土表面存在麻面现象，严重的存在蜂窝现象。典型缺陷如图8-68、图8-69所示。

图8-68 混凝土麻面

图8-69 混凝土蜂窝

②混凝土空洞、露筋。

部分桥梁混凝土振捣不密实,存在空洞现象,严重的存在露筋或露波纹管现象。典型缺陷如图8-70~图8-73所示。

图8-70 T梁混凝土空洞(一)

图8-71 T梁混凝土露筋

图8-72 T梁混凝土空洞(二)

图8-73 箱梁混凝土空洞

③混凝土破损、缺边、掉角。

部分桥梁混凝土存在混凝土破损、缺边、掉角现象,严重的存在露筋现象。典型缺陷如图8-74、图8-75所示。

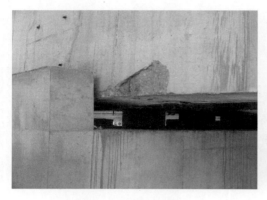
图 8-74 混凝土破损

图 8-75 混凝土缺边、掉角

④混凝土表面污染。

部分 T 梁负弯矩钢束齿块前端，T 梁腹板、马蹄被注浆喷洒污染。

⑤混凝土缺陷修补不良。

部分桥梁混凝土空洞、破损等表面缺陷已经进行了修补，但修补材料强度较低，修补质量不良。

(3) T 梁负弯矩钢束封锚缺陷

部分 T 梁负弯矩钢束未进行封锚或存在封锚不密实及封锚与设计不符等缺陷。典型缺陷如图 8-76 ~ 图 8-79 所示。

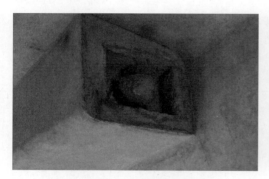
图 8-76 钢束未封锚

图 8-77 封锚混凝土不密实

图 8-78 封锚形状与设计不符

图 8-79 封锚混凝土破损，锚头外露

(4) 墩、梁固结钢板缺焊

个别墩梁固结设计的桥梁,墩、梁固结钢板缺焊,未形成有效固结。

(5) 弃土对结构(墩柱、桩基、梁体)造成不平衡土压力

个别桥梁弃土堆积,挤压结构,对墩柱、桩基或梁体造成不平衡土压力。典型缺陷如图 8-80、图 8-81 所示。

图 8-80 弃土不平衡土压力挤压桩基

图 8-81 弃土不平衡土压力挤压梁体

(6) 桩基外露

部分桥梁桩基受流水冲刷,混凝土剥落,钢筋外露、锈蚀;桩周土冲刷流失,桩基外露。典型缺陷如图 8-82、图 8-83 所示。

图 8-82 桩基冲刷外露

图 8-83 桩周土冲刷外露

(7) 挡块缺陷

较多桥梁存在盖梁挡块高度不足、断裂失效、间隙不足和间隙过大等缺陷。典型缺陷如图 8-84 ~ 图 8-87 所示。

(8) 支座缺陷

部分桥梁支座存在偏位、剪切变形、局部脱空、被混凝土掩埋、垫石宽度不足、锚固螺栓缺失、锚固螺栓脱落、钢板未做防锈处理、滑动支座防尘罩缺失和滑动支座滑动功能失效等缺陷。典型缺陷如图 8-88 ~ 图 8-91 所示。

图 8-84　挡块与梁体间隙过小

图 8-85　挡块混凝土内未配置钢筋、断裂

图 8-86　挡块断裂、露筋

图 8-87　挡块与梁体间隙过小、破损

图 8-88　支座偏位、悬空

图 8-89　支座脱空

(9) 防撞护栏滴水檐缺陷

部分桥梁防撞护栏滴水檐混凝土不密实,存在蜂窝、麻面空洞、露筋等病害。滴水檐混凝土浇筑不成型,或滴水檐高于翼板底面,不能有效滴水;部分滴水檐混凝土夹杂木方、编织袋等杂物;部分滴水檐底面模板未拆除等。典型缺陷如图 8-92、图 8-93 所示。

图 8-90　支座与垫板不密贴

图 8-91　支座被混凝土包裹,功能受限

图 8-92　护栏滴水檐未成型

图 8-93　护栏混凝土不密实

(10) 泄水管缺陷处治

较多桥梁泄水管长度不足,无法有效排水;竖排式泄水管未安装或安装数量不足,桥面积水无法及时排除;泄水管周围混凝土破损渗水等。

(11) 护坡开裂、局部冲刷

部分桥梁存在护坡开裂、护坡局部冲刷等缺陷。

(12) 建筑垃圾堆积、多余混凝土、局部模板未拆除

部分桥梁存在建筑垃圾堆积;混凝土跑模形成赘余混凝土;局部模板未拆除等。典型缺陷如图 8-94、图 8-95 所示。

图 8-94　建筑垃圾堆积

图 8-95　建筑垃圾未清理

2）缺陷影响分析

对常见质量缺陷对桥梁的影响分析见表8-104。

缺陷影响分析汇总表　　　　　　　　　　表8-104

序号	主要缺陷	缺陷类型	缺陷影响分析
1	混凝土表面裂缝	安全、耐久性缺陷	混凝土表面裂缝的存在，使得侵蚀性离子能够随水汽进入混凝土内部，影响结构的耐久性
2	混凝土表面缺陷	耐久性缺陷	混凝土麻面、蜂窝、浅层破损等缺陷影响混凝土的致密性和混凝土保护层厚度，影响结构的耐久性；混凝土空洞、深层破损露筋等缺陷，使得钢筋或钢束直接暴露于空气中，对结构耐久性有较大影响
3	T梁负弯矩钢束封锚不密实或未按设计要求封锚	安全、耐久性缺陷	钢束封锚缺陷容易使钢束产生锈蚀，影响结构安全性和耐久性
4	翼板湿接缝底面有横向裂缝	耐久性缺陷	影响结构的耐久性
5	墩、梁固结钢板缺焊	安全性缺陷	结构边界条件变化，影响结构安全
6	墩柱（桩基）受不平衡土压力	安全性缺陷	墩柱（桩基）受侧向力影响，产生偏压，影响结构安全
7	桩基外露	安全、耐久性缺陷	桩基钢筋外露，易受腐蚀，影响结构耐久性
8	盖梁顶面堆积建筑垃圾，有多余混凝土堆积	适用性缺陷	影响桥梁美观，妨碍支座功能
9	挡块缺陷	适用性缺陷	不能有效防止落梁或影响梁体自由伸缩
10	支座缺陷	安全、适用性缺陷	支座缺陷影响支座正常功能，结构边界条件变化，严重时影响结构安全
11	防撞护栏混凝土不平整	适用性缺陷	影响视觉美观性
12	防撞护栏滴水檐未成型	耐久性缺陷	不能有效止水，梁体易受雨水侵蚀，影响结构耐久性
13	泄水管有遗漏，未安装	适用性缺陷	不能及时排除桥面积水，对行车安全有较大影响
14	横向泄水管安装不规范	耐久性缺陷	不能有效排水，梁体易受雨水侵蚀，影响结构耐久性
15	护坡局部冲刷	耐久性缺陷	护坡冲刷易导致附属结构耐久性缺陷
16	局部模板未拆除	适用性缺陷	赘余模板有坠落风险，影响桥下安全

8.8.3　修复处治设计

根据桥梁缺陷状况，主要修复处治措施见表8-105。

主要修复处治措施　　　　　　　　　　表8-105

序号	主要缺陷	修复处治措施
1	混凝土表面裂缝	宽度<0.10mm的裂缝进行封闭处理； 宽度≥0.10mm的裂缝进行灌胶处理后封闭
2	混凝土表面缺陷	混凝土浅层缺陷（缺陷深度<5cm）采用丙乳砂浆修补； 混凝土深层缺陷（缺陷深度≥5cm）采用丙乳细石混凝土修补
3	T梁负弯矩钢束封锚不密实或未按设计要求封锚	凿除不合格封锚混凝土，采用C50无收缩混凝土重新封锚； 若仅是封锚混凝土形状与设计不符，但封锚混凝土密实，强度满足设计要求，预应力钢筋和锚具保护层厚度大于50mm，则可予以保留

续上表

序号	主 要 缺 陷	修复处治措施
4	翼板湿接缝底面有横向裂缝	宽度<0.10mm 的裂缝进行封闭处理； 宽度≥0.10mm 的裂缝进行灌胶处理后封闭
5	墩、梁固结钢板缺焊,有缝隙	按原设计要求施焊后,涂刷防锈涂层
6	墩柱(桩基)受不平衡土压力	清除不平衡土体
7	桩基外露	对水中外露桩基嵌套钢护筒；对陆上外露桩基嵌套钢护筒或浇筑混凝土围护
8	盖梁顶面堆积建筑垃圾,有多余混凝土堆积	清除建筑垃圾,清除多余混凝土
9	挡块缺陷	凿除现有缺陷挡块,重新施工,满足挡块高度、间隙和配筋要求；补充安装遗漏的橡胶垫块
10	支座缺陷	对于支座部分脱空的轻微缺陷,采用楔形钢板垫塞密实； 对于支座完全脱空和支座偏位超过1/2的严重缺陷,整体顶升后重新安装支座
11	防撞护栏混凝土不平整、不密实	参照混凝土表面缺陷修补
12	防撞护栏滴水檐未成型	采用丙乳细石混凝土进行修复
13	泄水管有遗漏,未安装	补充安装遗漏的泄水管
14	横向泄水管安装不规范	拆除不合格泄水管,按原设计要求重新安装
15	护坡局部开裂、冲刷	采用 M10 砂浆勾缝、M10 浆砌片石修补
16	局部模板未拆除	清除局部赘余模板

(1)裂缝封闭(宽度<0.10mm)

对所有宽度<0.10mm 的裂缝进行封闭处理,封闭材料采用水泥基渗透结晶防水涂料,要求涂层厚度不小于0.80mm,沿裂缝修补宽度不小于15cm。

(2)裂缝灌胶与封闭(宽度≥0.10mm)

对所有宽度≥0.10mm 的裂缝进行灌胶处理,灌注胶采用优质 A 级改性环氧灌缝胶。灌胶处理完毕后,将表面封缝胶清理干净,然后再采用水泥基渗透结晶防水涂料封闭,要求涂层厚度不小于0.80mm,沿裂缝修补宽度不小于15cm。

(3)混凝土浅层缺陷修补(缺陷深度<5cm)

对于混凝土表面的麻面、蜂窝、破损、缺边、掉角、空洞、露筋、预留孔修补不规范、局部混凝土不密实和缺陷修补不良等深度 $h<5cm$ 的混凝土表面缺陷,清理混凝土表面浮浆和疏松混凝土后,对混凝土界面充分凿毛,在混凝土表面涂刷界面剂后,采用丙乳砂浆修补。

当缺陷深度 $h<3cm$ 时,丙乳砂浆分多次涂抹至表面平整,每层厚控制在5mm 左右；当缺陷深度 $3cm \leqslant h<5cm$ 时,需外挂防裂钢丝网,钢丝网采用热镀锌方格钢丝网,钢丝直径5mm,方格孔50mm×50mm。丙乳砂浆分多次涂抹至表面平整,每层厚控制在5mm 左右。

(4)混凝土深层缺陷修补(缺陷深度≥5cm)

对于混凝土表面的麻面、蜂窝、破损、缺边、掉角、空洞、露筋、预留孔修补不规范、局部混凝土不密实和缺陷修补不良等深度 $h \geqslant 5cm$ 的混凝土表面缺陷,清理混凝土表面浮浆和疏松混凝土后,对混凝土界面充分凿毛,在混凝土表面涂刷界面剂后,采用丙乳细石混凝土修补。丙乳细石混凝土内设置防裂钢丝网，钢丝网采用热镀锌方格钢丝网，钢丝直径5mm，方格孔50mm×50mm。

(5) T梁负弯矩预应力钢束重新封锚

对于T梁负弯矩预应力钢束未封锚、封锚混凝土不密实、封锚混凝土破损和封锚不符合设计等缺陷，凿除不合格封锚混凝土，采用C50无收缩混凝土重新封锚。

若仅是封锚混凝土形状与设计不符，但封锚混凝土密实，强度满足设计要求，预应力钢筋和锚具保护层厚度≥50mm，则可予以保留，不做处理。

(6) 墩、梁固结钢板重新施焊

对于墩、梁固结钢板缺焊的缺陷，清除钢板表面油漆和污物后，重新按原设计要求施焊。焊接完成后，按原设计要求涂刷防腐涂层。

(7) 消除弃土不平衡土压力

对于弃土造成梁体不平衡土压力的缺陷，清除不平衡土体。

对于弃土造成墩柱、桩基不平衡土压力的缺陷，视具体地形条件，清除不平衡土体，并做好土体护坡。

(8) 水中外露桩基嵌套钢护筒

对于水中桩基外露的缺陷，清除桩基表面污泥和疏松混凝土后，对外露钢筋涂刷阻锈剂，采用钢护筒嵌套后，灌注C50微膨胀混凝土。钢护筒采用厚度16mm的半圆钢管对焊，钢管直径较桩基直径大40cm。要求钢管底部入土深度>80cm，上部超出缺陷高程>80cm。

(9) 陆上外露桩基嵌套钢护筒或填土覆盖

对于陆上桩基外露的缺陷，按实际情况分别处治如下：

①若有混凝土疏松、钢筋外露的情况，则清除桩基表面污泥和疏松混凝土后，对外露钢筋涂刷阻锈剂，采用钢护筒嵌套后，灌注C50微膨胀混凝土。钢护筒采用厚度16mm的半圆钢管对焊，钢管直径较桩基直径大40cm。要求钢管底部入土深度>80cm，上部超出缺陷高程>80cm。

②若桩基混凝土密实，无钢筋外露的情况，则浇筑混凝土围护，并做好护坡。

(10) 挡块缺陷处治

对于挡块高度不足、断裂失效、间隙不足、间隙过大、未配置钢筋和橡胶垫块安装遗漏等缺陷，分别采取处治措施如下：

①对于高度不足的挡块缺陷，凿除挡块混凝土，保留挡块内原钢筋，焊接加长钢筋至设计高度后，重新浇筑挡块混凝土。

②对于混凝土断裂失效的挡块缺陷，凿除断裂混凝土后，重新浇筑挡块混凝土。

③对于挡块与梁体间隙不足的挡块缺陷，凿除挡块混凝土，保留挡块内原钢筋，适当弯折调整内侧钢筋位置，重新浇筑挡块混凝土。要求新浇挡块混凝土强度较原挡块混凝土设计强度提高一个等级。

④对于挡块混凝土内未配置钢筋的挡块缺陷，凿除挡块混凝土，按原设计配筋量植筋后，浇筑挡块混凝土。

⑤对于挡块与梁体间隙过大的挡块缺陷，当间隙<10cm时，采用在挡块内侧加装橡胶垫块的方法调整挡块与梁体间隙；当间隙≥10cm时，采用凿除原挡块混凝土，调整钢筋位置和钢

筋布置后浇筑加厚混凝土的方法调整挡块与梁体间隙。

⑥对于挡块内侧橡胶垫块安装遗漏的挡块缺陷,补充安装漏的橡胶垫块。

(11)支座缺陷处治

对于支座缺陷,分别采取处治措施如下:

①对于支座偏位过大和剪切变形过大的缺陷,采用千斤顶起顶后调整支座位置和支座状态。

②对于滑动支座四氟板与不锈钢板夹杂其他物质,导致滑动功能失效的缺陷,采用千斤顶起顶后重新安装,恢复支座滑动功能。

③对于支座顶面局部脱空的缺陷,采用楔形钢板垫塞密实;对于支座底面局部脱空的缺陷,采用梁体顶升,将支座垫石修补平整后加厚钢垫板的方法垫塞密实。

④对于支座垫石宽度不足的缺陷,采用丙乳细石混凝土修补。

⑤对于锚固螺栓缺失和脱落的缺陷,重新安装锚固螺栓;对于预埋钢板无留孔和孔不正的,采用外加钢锚栓和压板固定。

⑥对于滑动支座防尘罩缺失的缺陷,按原设计要求安装防尘罩。

⑦对于支座被混凝土掩埋,功能受限的缺陷,凿除赘余混凝土,恢复支座正常功能。

注:本支座缺陷处治设计不适用于支座完全脱空的缺陷。对于支座完全脱空的缺陷,需进行结构验算,根据设计支座反力,进行专门处治。

(12)滴水檐缺陷处治

对于防撞护栏滴水檐缺陷,采用丙乳细石混凝土修补,恢复原设计外形,保证其止水功能。清理混凝土表面浮浆和疏松混凝土后,对混凝土界面充分凿毛,在混凝土表面涂刷界面剂后,采用丙乳细石混凝土修补。当缺陷深度超过 3cm 时,需设置膨胀锚栓,加挂防裂钢丝网。膨胀螺栓采用 M12×160,螺栓布置纵向间隔 30cm,竖向间隔 15cm。钢丝网采用热镀锌方格钢丝网,钢丝直径 5mm,方格孔 50mm×50mm。

(13)泄水管缺陷处治

对于泄水管长度不足,遗漏安装等缺陷,分别采取处治措施如下:

①对于遗漏安装的泄水管,按原设计要求位置和尺寸,补充安装泄水管。

②对于泄水管长度不足,无法有效排水的缺陷,拆除现有泄水管,按原设计泄水管长度和尺寸,重新安装。

(14)护坡局部缺陷处治

对于护坡开裂、冲刷和缺失等缺陷,分别采取处治措施如下:

①对于护坡开裂的缺陷,采用 M10 砂浆重新勾缝。

②对于护坡局部冲刷的缺陷,采用块石和 M10 砂浆砌筑护坡修补。冲刷较深的,可先采用砂土填充并夯实后再砌筑。

③对于护坡遗漏的缺陷,按原设计要求砌筑护坡。

(15)结构赘余物清理

对于结构物上建筑垃圾堆积、跑模等造成的多余混凝土堆积和局部模板未拆除等结构赘余物,进行全面清理。

(16)外露钢构件重防腐涂装

对于支座调平钢板等钢构件未做防锈处理的缺陷,进行重防腐涂装。涂装前以喷砂法进行除锈,然后涂装无机富锌底漆1道,环氧封闭漆1道,环氧云铁中间漆2道,聚氨酯面漆2道。

8.8.4 主要施工工艺及操作要求

1)裂缝封闭处理

对所有宽度小于0.10mm的裂缝采用水泥基渗透结晶防水涂料进行封闭处理,沿裂缝修补宽度15cm。

(1)材料要求

浆体性能满足《水泥基渗透结晶型防水材料》(GB 18445—2012)表1的基本性能指标的要求(表8-106)。要求涂层厚度大于0.8mm,对0.1mm的裂缝渗透深度≥150mm。

水泥基渗透结晶防水涂料 表8-106

序号	试验项目		性能指标	试验方法标准
1	外观		均匀、无结块	JC 475—2004
2	含水率(%)		≤1.5	GB/T 8077—2000
3	细度,0.63mm筛孔的筛余量(%)		≤5	GB/T 176
4	氯离子含量(%)		≤0.1	JC 475—2004
5	施工性	加水搅拌后	乱涂无障碍	JG/T 26—2002
		20min	乱涂无障碍	
6	抗折强度(MPa),28d		≥2.8	GB/T 17671
7	抗压强度(MPa),28d		≥15.0	GB/T 17671
8	湿基面黏结强度(MPa),28d		≥1.0	GB 18445—2012
9	砂浆抗渗性能	带涂层砂浆的抗渗压力(MPa),28d	报告实测值	JC 474—2008
		抗渗压力比(带涂层)(%),28d	≥250	
		去除涂层砂浆的抗渗压力(MPa),28d	报告实测值	
		抗渗压力比(去除涂层)(%),28d	≥175	
10	混凝土抗渗性能	带涂层混凝土的抗渗压力(MPa),28d	报告实测值	GB/T 50082
		抗渗压力比(带涂层)(%),28d	≥250	
		去除涂层混凝土的抗渗压力(MPa),28d	报告实测值	
		抗渗压力比(去除涂层)(%),28d	≥175	
		带涂层混凝土的第二次抗渗压力(MPa),56d	≥0.8	

注:基准砂浆和基准混凝土28d抗渗压力应为$0.4^{+0.0}_{-0.1}$MPa,并在产品质量检验报告中列出。

(2)施工要点

①基面处理:清理裂缝两侧15cm混凝土表面的毛刺、蜂窝、麻面等表观缺陷,冲洗干净,基面应清洁,无油污、泥尘和其他残留物,充分湿润但不得有明水。

②配制浆体:水泥基渗透结晶性防水涂料的粉料与干净的水(水要求无盐、无有害成分)调和,混合时可用手电钻装上有叶片的搅拌棒搅拌3~5min,调成后不准再加水及粉料。边配边用,从加水拌和开始,应在25min内使用完毕。

③涂刷:可采用刷涂或喷涂,刷涂时,应使用专用半硬的尼龙刷,采用喷涂时应垂直于基面

喷涂,喷嘴与基面距离不大于 0.5m。涂刷时环境温度大于 5℃。待第 1 遍涂刷完成后,涂层已经初凝(手干状态,1~2h),即可进行第 2 遍涂刷施工。第 2 遍涂刷用浆料的搅拌,可比第 1 遍涂刷时的浆料略稀,但必须增加涂刷的细密度。当第 1 道涂料干燥过快时,应浇水湿润后再进行第 2 道涂料涂刷。待第 2 遍涂刷完成后,检查是否有漏涂、空鼓、起粉等不良施工处,若有需及时修补。涂刷量≥1kg/m²。

④养护:涂层初凝后应立即喷雾水养护,保证涂层处于湿润状态 2~3d,不得用压力水冲洒养护,48h 内避免受到雨淋、霜冻、日晒、沙尘、污水、低温等的影响。

2)裂缝灌胶处理

对所有宽度大于 0.10mm 的裂缝进行灌浆处理。灌浆处理后采用水泥基渗透结晶防水涂料封闭。

(1)材料要求

灌注胶采用优质 A 级改性环氧灌缝胶。选用黏度适宜的灌浆胶,确保裂缝之间的胶体能均匀密实地渗透进去,对于 0.05mm 的裂缝具有渗透能力。裂缝灌注胶无论产品本身或施工时都不得掺加任何溶剂。裂缝灌注胶的性能应不低于国家标准《工程结构加固材料安全性鉴定技术规范》(GB 50728—2011)表 4.6.4 的基本性能指标即表 8-107 的要求。

混凝土裂缝修复胶安全性鉴定标准 表 8-107

检验项目		检验条件	性能指标	试验方法标准
胶体性能	抗拉强度(MPa)	浇筑完毕养护 7d,到期立即在(23±2)℃、(50±5)%RH 条件下测试	≥25	GB/T 2568
	受拉弹性模量(MPa)		$\geq 1.5 \times 10^3$	GB/T 2568
	伸长率(%)		≥1.7	GB/T 2568
	抗弯强度(MPa)		≥30,且不得呈碎裂破坏	GB/T 2570
	抗压强度(MPa)		≥50	GB/T 2569
	无约束线性收缩率(%)	浇筑完毕养护 7d,到期立即在(23±2)℃条件下测试	≤0.3	GB 50728—2011 附录 P
黏结能力	钢对钢拉伸抗剪强度(MPa)	黏合完毕养护 7d,到期立即在(23±2)℃、(50±5)%RH 条件下测试	≥15	GB/T 7124
	钢对钢对接抗拉强度(MPa)		≥20	GB/T 6329
	钢对干态混凝土正拉黏结强度(MPa)		≥2.5,且为混凝土内聚破坏	GB 50728—2011 附录 G
	钢对湿态混凝土正拉黏结强度(MPa)		≥1.8,且为混凝土内聚破坏	
耐湿热老化性能		在 50℃、(95±3)%RH 环境中老化 90d,冷却至室温进行钢对钢拉伸抗剪强度试验	与室温下、短期试验结果相比,其抗剪强度降低率不大于 18%	GB 50728—2011 附录 J
可灌注性		按本设计规定的施工方法	注入宽度为 0.1mm 的裂缝	工艺试验

注:1. 表中各项性能指标均为平均值。
   2. 干态混凝土指含水率不大于 6%的硬化混凝土,湿态混凝土指饱和含水率状态下的硬化混凝土。

(2)施工要点

缝口表面处理→粘贴注浆嘴和出浆嘴→封缝→密封检查→灌浆→封口结束→检查。

①对混凝土表面进行处理,清除松散灰浆、砂粒、油垢,使混凝土表面保持干净。灌缝过程

中,裂缝宜处于干燥状态(灌缝有特殊要求的除外)。为保证封缝质量,裂缝两边各3~5cm内的混凝土表面,应打磨出均匀的新鲜面。

②施工开始前,应由监理单位及建设单位确认裂缝表面封闭胶和灌注胶等产品合格证、产品质量检验报告,各项性能应满足表8-107的要求。当工程的裂缝灌胶量大时,应对一组试样进行拉伸剪切强度检验。受检的胶粘剂应由独立试验室人员在不小于两个包装单位中随机抽取。

③灌缝用胶必须采用已经配置好的成品,禁止现场配置。灌缝胶开始使用后,应尽快将其注入裂缝中,并在该产品规定的适用期内使用完毕。

④缝隙全部注满后应按材料要求进行养护,待浆液固化后,拆除灌浆嘴,并对混凝土表面进行修整。

⑤灌浆结束后,应检查补强效果和质量。凡有不密实或重新开裂等外观不合格情况,应及时采取补灌等补救措施,确保工程质量。可钻芯取样以检查灌缝是否饱满、密实,取芯数量依据相关技术规程现场确定。

3)植筋施工工艺及操作要求

(1)材料要求

植筋结构胶应采用Ⅰ类胶A级改性环氧树脂类植筋结构胶,胶粘剂填料必须在工厂制胶时添加,严禁在施工现场加入,其性能应符合《工程结构加固材料安全性鉴定技术规范》(GB 50728—2011)表4.2.2-3~表4.2.2-5的基本性能指标的要求,各项设计指标要求见表8-108~表8-110。

以混凝土为基材,锚固用结构胶基本性能鉴定标准(Ⅰ类胶A级)　　表8-108

	检验项目		检验条件	鉴定合格指标	试验方法标准
胶体性能	劈裂抗拉强度(MPa)		在(23 ± 2)℃、(50 ± 5)%RH条件下,以2mm/min加荷速度进行测试	≥8.5	GB 50728—2011 附录E
	抗弯强度(MPa)			≥50,且不得呈碎裂状破坏	GB/T 2570
	抗压强度(MPa)			≥65	GB/T 2569
黏结能力	钢对钢拉伸抗剪强度(MPa)	标准值	(23 ± 2)℃、(50 ± 5)%RH	≥10	GB/T 7124
		平均值	(60 ± 2)℃、10min	≥11	
			(-45 ± 2)℃、30min	≥12	
	约束拉拔条件下带肋钢筋与混凝土的黏结强度(MPa)	C30、$\phi25$ $L=150mm$	(23 ± 2)℃、(50 ± 5)%RH	≥11	GB 50728—2011 附录K
		C60、$\phi25$ $L=150mm$		≥17	
	钢对钢T冲击剥离长度(mm)		(23 ± 2)℃、(50 ± 5)%RH	≤25	GB 50728—2011 附录F
	热变形温度(℃)		使用0.45MPa弯曲应力的B法	≥65	GB/T 1634.2
	不挥发物含量(%)		(105 ± 2)℃、(180 ± 5)min	≥99	GB 50728—2011 附录H

注:表中各项性能,除标有标准值外,均为平均值。

以混凝土为基材,结构胶长期使用性能鉴定标准(Ⅰ类胶 A 级) 表 8-109

检验项目		检验条件	鉴定合格指标	试验方法标准
耐环境作用	耐湿热老化能力	在 50℃、95% RH 环境中老化 90d(B 级胶为 60d)后,冷却至室温进行钢对钢拉伸抗剪试验	与室温下短期试验结果相比,其抗剪强度降低率≤12%	GB 50728—2011 附录 J
	耐热老化能力	在(80±2)℃温度环境中老化 30d 后,以同温度进行钢对钢拉伸抗剪试验	与同温度 10min 短期试验结果相比,其抗剪强度降低率≤5%	GB 50728—2011 附录 L
	耐冻融能力	在 -25℃ ←→35℃ 冻融循环温度下,每次循环 8h,经 50 次循环后,在室温下进行钢对钢拉伸抗剪试验	与室温下,短期试验结果相比,其抗剪强度降低率≤5%	
耐应力作用	耐长期应力作用能力	在(23±2)℃、(50±5)% RH 环境中承受 4.0MPa 剪应力持续作用 210d	钢对钢拉伸抗剪试件不破坏,且蠕变的变形值小于 0.4mm	GJB 3383（方法 105）
	耐疲劳应力作用能力	在室温下,以频率为 15Hz,应力比为 5:1.5,最大应力为 4.0MPa 的疲劳荷载下进行钢对钢拉伸抗剪试验	经 2×10^6 次等幅正弦波疲劳荷载作用后,试件不破坏	GB 50728—2011 附录 M

注:若在申请安全性鉴定前已委托有关科研机构完成该品牌结构胶耐长期应力作用能力的验证性试验与合格评定工作,且该评定报告已通过安全性鉴定机构的审查,则允许免做此项检验,而改做楔子快速测定。

以混凝土为基材,结构胶耐介质侵蚀性能鉴定的标准(Ⅰ类胶 A 级) 表 8-110

检验项目	介质环境及处理要求	鉴定合格指标	
		与对照组相比强度下降率	处理后的外观质量要求
耐盐雾作用	5% 氯化钠溶液;喷雾压力 0.08MPa;试验温度(35±2)℃;每 0.5h 喷雾一次,每次 0.5h;盐雾应自由沉降在试件上;作用持续时间:A 级胶及Ⅱ、Ⅲ类胶 90d,B 级胶 60d,到期进行钢对钢拉伸抗剪强度试验	≤5%	不得有裂缝或脱胶
耐海水浸泡作用（仅用于水下结构胶）	海水或人造海水;试验温度(35±2)℃;浸泡时间:A 级胶 90d,B 级胶 60d,到期进行钢对钢拉伸抗剪强度试验	≤7%	不得有裂缝或脱胶
耐碱性介质作用	$Ca(OH)_2$ 饱和溶液;试验温度(35±2)℃;浸泡时间:A 级胶及Ⅱ、Ⅲ类胶 60d,B 级胶 45d,到期进行钢对混凝土正拉黏结强度试验	不下降,且为混凝土破坏	不得有裂缝、剥离或起泡
耐酸性介质作用	5% H_2SO_4 溶液;试验温度(35±2)℃;浸泡时间:各类胶均为 30d,到期进行钢对混凝土正拉黏结强度试验	混凝土破坏	不得有裂缝或脱胶

(2)施工要点

①定位:按设计要求标示钻孔位置、型号,若孔位碰到原结构中已有钢筋,钻孔位置可适当调整。但均应植在箍筋内侧,且钻孔应尽可能靠近预接长的已有钢筋。

②钻孔:孔深与锚筋埋设深度相同,孔径比锚筋大 2~4mm,孔位应避让构造钢筋,孔道应顺直。按《桥梁加固施工技术规范》(JTG/T J23—2008)附录 A.2.1 要求进行钻孔植筋。

③清理钻孔:孔道先用硬鬃毛刷清理,再以高压干燥空气吹去孔底灰尘、碎片和水分,孔内

应保持干燥。

④灌胶:将植筋胶由孔底灌注至孔深2/3处,待插入锚筋后,胶即充满整个孔洞。

⑤插入锚筋:锚筋插入前应清除插入部分的表面污物,单向旋转插入孔底,保证钢筋与孔壁间隙基本均匀,孔口多余的胶应清除。污物应先以钢刷清除,再用丙酮擦净,并予拭干。

⑥在胶液干涸之前,避免扰动锚固钢筋和在孔位附近有明水。

⑦植筋钻完后,应立即清理干净,并予以植埋,避免成片植筋孔,长时间空待。

⑧严禁采用胶粘剂直接涂抹在钢筋上植入孔中的植筋方式。

⑨对施工的盲孔应立即清孔干净后用植筋环氧胶回填。

(3)植筋加固材料与施工质量的检验与验收

①施工开始前,应由监理单位及建设单位确认植筋胶等产品合格证、产品质量检验报告,各项性能应满足上述要求。

②材料性能抽样检验。当工程的粘钢结构胶用量小于1t时,应作一组试样进行抗拉强度、抗剪强度及正拉黏结强度检验;用量大于1t时,应每增加1t增加一组试验。受检的结构胶应由独立试验室人员在不小于两个包装单位中随机抽取。

③施工质量检验及验收。同规格、同型号、基本相同部位的锚栓组成一个检验批,做锚固抗拔承载力现场非破坏性检验。抽取数量按每批锚栓总数1%计算,且不少于3根。检验结果评定按《混凝土结构后锚固技术规程》(JGJ 145—2013)附录A锚固承载力现场检验方法进行。

(4)对植筋的焊接施工应采取以下措施

①采取降温措施,如焊接施工时用冰水浸透棉纱布包裹植筋胶面根部钢筋。

②严禁对一根植筋连续焊接,应采用循环焊接施工的方法,即对一批焊接钢筋逐点、逐根焊接。

4)混凝土表面缺陷修补施工工艺

对于混凝土表面麻面、蜂窝、破损、缺边、掉角等疏松层较浅、范围较小的缺陷,采用丙乳砂浆修补。

对于混凝土空洞、混凝土不密实、混凝土破损露筋等深层混凝土表面缺陷,采用丙乳细石混凝土修补。丙乳细石混凝土施工技术要求与丙乳砂浆施工技术要求基本相似。

(1)丙乳砂浆使用方法及注意事项

①丙乳需储存在0℃以上的环境中,丙乳砂浆施工要求气温高于5℃。

②一般使用42.5级以上的硅酸盐或普通硅酸盐水泥,沙子需过2.5mm筛,水泥及沙子均需满足有关规范规定。

③施工前须清除基底表面污物、尘土和松软、脆弱部分,并对基面加以喷砂或人工凿毛(深度1~2mm),然后用清水冲洗干净,施工前应使待施工面处于饱和状态(但不应有积水),在薄层修补区的边缘宜凿一道3~5cm的深齿槽,增加修补面与老混凝土的黏结。

④根据工程要求,选定灰砂比及丙乳掺量,应选灰砂比1:(1.5~2)砂浆,丙乳掺量为水泥用量25%~30%。施工前根据现场水泥和沙子及施工和易性要求通过试拌确定水灰比。

⑤丙乳砂浆拌制时,先将水泥、沙子拌均匀,再加入经试拌确定的水量及丙乳,充分拌和均匀,材料必须称量正确,尤其是水和丙乳,拌和过程中不能随意扩大水灰比,每次拌制的砂浆,要求能在30~45min内使用完,不宜一次拌和过多数量。

⑥在涂抹砂浆时,修补面上需先用丙乳净浆打底,净浆配比为1kg丙乳加2kg水泥拌制成

浆,在净浆未硬化间,即铺筑丙乳砂浆。仰面和立面施工,涂层厚度超过7mm时,需分二次抹压,以免重垂脱空,砂浆铺筑到位后,用力压实,随后抹面,注意向一个方向抹面,不要来回多次抹,不需第二次收光。修补面积较大时,可隔块跳开分段施工。

⑦丙乳砂浆早期干缩偏大,应特别注意加强早期养护,丙乳砂浆表面略干后,宜用农用喷雾器喷雾养护。一昼夜后再洒水养护7d即可自然干燥,在阳光直射或风口部位,注意遮光、保湿。

⑧如果施工面为斜面或曲面,施工应从较低部位开始,然后依次施工到较高部位,修补面积较大宜分段分块间隔施工,以避免砂浆干缩开裂。

(2)丙乳细石混凝土施工方法及注意事项

①采用丙乳细石混凝土配合比参照前述丙乳砂浆配合比由试验室确定,要求1d抗压强度不小于30MPa,7d抗压强度不小于50MPa,28d抗压强度不小于60MPa。可添加适量膨胀剂,补偿收缩。

②修补施工程序。

a. 首先将疏松区劣质混凝土凿除,其周边宜凿成规则的多边形,开凿范围以见新鲜密实混凝土为止,开凿区以及孔洞四周边宜做成台阶状,台阶高差以不小于3cm为宜。

b. 剔除开凿表面(新旧混凝土结合面)的浮石,并清洗开凿表面,饱水24h。

c. 在保持结合面湿润但无自由水的情况下,涂刷丙乳净浆,立模浇筑丙乳细石混凝土并振捣密实,终凝后及时拆模覆盖湿麻袋保持潮湿7d。

d. 养护7d后,在修补区的外露表面无尘埃、无自由水且湿润的条件下,用丙乳净浆在纵横向分批涂抹。

5)组合式钢套筒加固桩基施工工艺

组合式钢套筒加固桩基是对水下桩身进行清理后,在桩身外安装一个经抗腐蚀处理的组合式钢套筒,并由千斤顶顶入土层一定深度。将钢套筒中的水抽干后浇筑混凝土,所用混凝土应具有微膨胀、抗氯离子腐蚀和高流动性的特性。主要施工工艺如下:

(1)清理河床

使用专门设备和人工结合方法对桩周附近的地基(地面或河床)进行清理,待组合钢套筒顺利插入土层后,复原地基面(地面土或河床抛石层)。

(2)清除疏松混凝土

使用高压风动镐、高压水枪对桩体表面剥落、疏松、蜂窝等疏松混凝土进行清理,并对锈蚀钢筋进行除锈处理,然后采用水下砂轮机打磨结构表面混凝土砂浆浮层,露出混凝土新鲜坚实结构层。

(3)搭建水上施工平台

对于水中桩基,需搭设水上施工平台为施工提供作业面,平台高出最高水位40cm,并采取连接和支撑措施确保平台稳定性。

(4)植筋

在桩身侧面植入φ16mm的剪切钢筋,按梅花形分布,间距250mm,植筋与桩周垂直。

(5)钢套筒安装

将钢套筒在加固桩体外侧下放到适当位置,在两半圆钢套筒对齐后,采用焊接连接。逐次安装焊接适量节数钢套筒,直至整体钢套筒底部到达河床表面。

(6)钢套筒定位

钢套筒安装过程中,需采取相应的定位措施,中心安装误差需控制在±10mm以内。

(7)钢套筒内抽水吸泥

对于水中桩基,需将筒内泥沙切割成浆,用泥浆泵抽干钢套筒内污水、泥浆,并清洗钢套筒内底部泥土,再抽干,如此反复直至清理泥土至1.0m左右。

(8)混凝土的灌注

混凝土在钢套筒内的桩两侧同时灌注,灌注时灌注管沿桩周来回缓慢移动,同时用振动棒搅动混凝土使其均匀密实。混凝土的灌注必须一次性浇筑完成。

6)钢构件防腐涂装施工工艺

对所有外露钢构件进行防腐涂装,防腐涂装材料及工序见表8-111。

钢构件重防腐涂装工艺　　　　表8-111

序号	工序名称	涂层道数	施工方法	涂层厚度
1	除锈	以喷砂法进行除锈,达到GB/T 8923.1规定的Sa2.5及以上,表面粗糙40~70μm		
2	无机富锌底漆	1	手工涂刷	75μm
3	环氧封闭漆	1	手工涂刷	25μm
4	环氧云铁中间漆	2	手工涂刷	100μm
5	聚氨酯面漆	2	手工涂刷	80μm
	总厚度			280μm

8.8.5 施工注意事项

施工时除应严格遵守《公路桥涵施工技术规范》(JTG/T F50—2011)、《公路桥梁加固施工技术规范》(JTG/T J23—2008)及《公路工程质量检验评定标准　第一册　土建工程》(JTG F80/1—2004)的有关要求外,尚应注意:

(1)根据检测报告中所述缺陷,逐处进行核对,确定施工范围,并检查缺陷是否有发展、遗漏,报请现场监理及业主核实认可,经监理工程师确认的一切工程质量缺陷均应列入施工范围内。

(2)在裂缝压力灌浆期间,应注意观察灌胶量突变的情况,一旦出现此类情况要查明原因后方可继续施工。

(3)当结构胶用量小于1t时,应作一组试样进行抗拉强度、抗剪强度及正拉黏结强度检验;用量大于1t时,应每增加1t增加一组试验。受检的结构胶应由独立试验室人员在不小于两个包装单位中随机抽取。

(4)裂缝修补用到的关键材料必须进行抽样检测,抽样应符合设计文件及监理工程师的要求,样品由监理现场鉴封处理后送至鉴定单位(要求鉴定单位具备相应资质)检测,各项指标应达到国家及行业相应技术规范和规程的要求。不得使用不合格的修补材料(主材及辅材),材料须经过严格的检验,并有合格证书,同时应注意材料的有效期;施工时须严格按照使用说明的配比及步骤操作,避免操作失误导致修补失败。

8.8.6 其他

(1)为保证修补施工质量、施工安全,建议选择承担该维修工程的施工队伍时应选择具有相应专业承包资质和丰富经验的专业队伍。

(2)施工单位若采用有损于结构构件的工艺、方法、大型机具设备或较大的临时荷载等,必须征得设计单位和监理单位的同意。

(3)施工中发现新的缺陷及与本指南不一致的地方,应及时与建设单位、监理工程师、设计单位取得联系,共同商定解决办法。

(4)其他未尽事宜由建设单位、设计单位、监理工程师、施工单位共同协商解决。

8.9 隧道衬砌裂缝缺陷

8.9.1 工程概况

某隧道存在二次衬砌环向裂缝、二次衬砌露筋、二次衬砌隐性露筋、二次衬砌蜂窝麻面、二次衬砌渗水等质量缺陷。

8.9.2 设计依据

1)设计规范
(1)《公路工程基本建设项目设计文件编制办法》(交公路发〔2007〕358号)
(2)《公路隧道养护技术规范》(JTG H12—2015)
(3)《公路隧道设计规范》(JTG D70/2—2014)
(4)《公路隧道施工技术细则》(JTG/T F60—2009)
(5)《混凝土结构加固设计规范》(GB 50367—2013)
(6)《工程结构加固材料安全性鉴定技术规范》(GB 50728—2011)
(7)《混凝土结构后锚固技术规程》(JGJ 145—2013)
(8)《聚氨酯灌浆材料》(JC/T 2041—2010)

2)技术标准
本次修复处治维持原设计标准。

8.9.3 隧道二次衬砌缺陷现状与影响分析

1)隧道二次衬砌缺陷现状
根据改扩建工程各检测报告,隧道二次衬砌主要缺陷情况如下:

(1)二次衬砌混凝土裂缝
部分隧道存在二次衬砌混凝土环向开裂现象,典型缺陷照片如图8-96、图8-97所示。

(2)二次衬砌混凝土蜂窝、麻面、露筋、隐筋
部分隧道存在二次衬砌混凝土麻面、蜂窝、露筋和隐筋现象。

(3)二次衬砌渗水
部分隧道二次衬砌拱脚和施工缝存在渗水现象。

图8-96 典型隧道环向裂缝(一)

图8-97 典型隧道环向裂缝(二)

（4）二次衬砌背后脱空

部分隧道存在二次衬砌拱顶部位脱空现象。

2）缺陷影响分析

常见质量缺陷对隧道的影响分析见表8-112。

缺陷影响分析汇总表 表8-112

序号	主要缺陷	缺陷类型	缺陷影响分析
1	二次衬砌表面裂缝	安全性、耐久性	混凝土表面裂缝的存在,使得侵蚀性离子能够随水汽进入混凝土内部,影响结构的耐久性
2	二次衬砌表面缺陷	耐久性	蜂窝、麻面等缺陷影响混凝土密实性和保护层厚度,露筋和隐筋缺陷使得钢筋易受腐蚀,对结构耐久性有较大影响
3	二次衬砌渗水	安全性、耐久性	钢筋易产生锈蚀,影响结构安全性和耐久性
4	二次衬砌拱顶脱空	安全性、耐久性	使得围岩荷载传递不连续,影响结构的安全性

3）隧道二次衬砌裂缝跟踪观测结果

根据某隧道的裂缝观测结果,裂缝发展情况见表8-113。

某隧道裂缝观测结果 表8-113

K91+533		AB 测线		BC 测线		AC 测线	
日期	天数	长度(m)	宽度(mm)	长度(m)	宽度(mm)	长度(m)	宽度(mm)
2016年3月26日	0	0.60	0.70	1.00	0.64	3.50	1.00
2016年3月27日	1	0.70	0.71	1.20	0.65	3.60	1.00
2016年3月28日	2	0.90	0.73	1.30	0.67	3.60	1.01
2016年4月2日	6	0.90	0.73	1.30	0.68	3.60	1.02
2016年4月11日	15	0.90	0.73	1.30	0.68	3.60	1.02
2016年5月2日	36	0.90	0.73	1.30	0.68	3.60	1.02
2016年5月27日	61	0.90	0.73	1.30	0.68	3.60	1.02

由表8-113结果可以看出,在环向裂缝出现的前几天,裂缝长度和宽度稍有发展,7d以后裂缝宽度和长度趋于稳定,没有继续发展。

根据检测结果,衬砌的开裂处主要位于环向施工缝处,裂缝宽度较小(均在 2mm 以内),长度较短,没有环向、纵向贯通,没有沿衬砌厚度方向贯通,同时检测结果未报道相关衬砌开裂隧道有路面开裂、拱脚不均匀变形等情况,可以认为这些环向裂缝主要为混凝土的温度和收缩裂缝,对结构的受力影响较小。

8.9.4 修复处治设计

根据隧道缺陷状况,主要修复处治措施如下:

1)裂缝灌胶与封闭

(1)对所有宽度 <0.20mm 的裂缝进行封闭处理,封闭材料采用水泥基渗透结晶防水涂料,要求涂层厚度不小于 0.80mm,沿裂缝修补宽度不小于 15cm。

(2)对所有宽度 ≥0.20mm 的裂缝进行灌胶处理,灌注胶采用优质 A 级改性环氧灌缝胶。灌胶处理完毕后,将表面封缝胶清理干净,然后再采用水泥基渗透结晶防水涂料封闭,要求涂层厚度不小于 0.80mm,沿裂缝修补宽度不小于 15cm。

2)二次衬砌混凝土缺陷修补

(1)对于二次衬砌混凝土表面的麻面、蜂窝、露筋、隐筋等深度 $h<5cm$ 的混凝土表面缺陷,清理混凝土表面浮浆和疏松混凝土后,对混凝土界面充分凿毛,在混凝土表面涂刷界面剂后,采用丙乳砂浆修补。当缺陷深度 $h<3cm$ 时,丙乳砂浆分多次涂抹至表面平整,每层厚控制在 5mm 左右;当缺陷深度 $3cm \leqslant h<5cm$ 时,需外挂防裂钢丝网,钢丝网采用热镀锌方格钢丝网,钢丝直径 5mm,方格孔 50mm×50mm。丙乳砂浆分多次涂抹至表面平整,每层厚控制在 5mm 左右。

(2)对于二次衬砌混凝土表面的蜂窝、露筋、隐筋等深度 $h \geqslant 5cm$ 的混凝土表面缺陷,清理混凝土表面浮浆和疏松混凝土后,对混凝土界面充分凿毛,在混凝土表面涂刷界面剂后,采用丙乳细石混凝土修补。丙乳细石混凝土内设置防裂钢丝网,钢丝网采用热镀锌方格钢丝网,钢丝直径 5mm,方格孔 50mm×50mm。

3)二次衬砌脱空、不密实部位压力注浆

对于二次衬砌背后脱空的缺陷,采用钻孔注浆的方法进行处治。采用雷达无损检测的方法,探明脱空范围和数量,并进行标记。在脱空部位钻注浆空和排气孔多个,从低处往高处逐孔注浆,排气孔依次出浆后依次封堵,直至注浆饱满密实、检测合格为止。注浆作业时需采取一定防护措施,防止水泥浆液污染洞体其他部位。

注浆材料采用超细无收缩水泥注浆料、无收缩水泥砂浆和微膨胀细石混凝土等。根据脱空尺寸选择合适的注浆材料。注浆前做好水泥浆配比试验,确定水泥浆配比(必要时增加膨胀剂),水泥宜采用硅酸盐水泥。浆液要求能连续拌制,拌制过程中严格监控水泥用量,确保浆液的稠度。

(1)当脱空高度小于 8.0cm 时,注浆材料采用无收缩水泥注浆料,注浆管直径为 32~50mm。

(2)当脱空高度在 8.0~15.0cm 之间时,注浆材料采用无收缩水泥砂浆,注浆管直径为 32~50mm。

(3)当脱空高度大于 15.0cm 时,注浆材料采用微膨胀细石混凝土,注浆采用直径 150mm 钢管直接泵送。

4）渗漏水缺陷处治

衬砌渗漏水的处治需根据渗漏水类型选择适宜的方法,处治原则为:拱部堵排结合,综合治理;边墙以排为主,局部水量大的区域堵排结合;先拱后墙,先堵后排,循序进行。

（1）衬砌渗水部位注浆封堵

衬砌渗水多位于衬砌裂缝及个别混凝土不密实处,渗漏水量较小,水流分散,宜采用衬砌内部注浆封堵的方法进行处治。

在渗漏水湿渍区边缘外侧 0.5m 范围内钻注浆孔,安装注浆嘴,灌注化学止水浆液。注浆孔底保留衬砌混凝土厚度在 10cm 左右,钻孔间距为 50cm×50cm,梅花形布置,注浆压力为 1.0~1.5MPa。注浆施工过程中要逐步增加注浆压力。

注浆完毕 72h 后,混凝土表面无水渗出为合格。检验合格后将混凝土表面清理干净,刮涂水泥基渗透结晶防水涂料两层,厚度不小于 2mm。

注浆封堵原则如下:

①点漏注浆先注水量较小者,后注较大者;

②环向裂缝由下向上依次注浆;

③水平或斜裂缝由水量较小端向较大端注浆;

④面漏由周边向中心依次注浆。

（2）施工缝渗水处治

对于施工缝部位的渗水,采用水溶性聚氨酯类浆材注浆封堵,并采用暗槽引排至边沟的方法综合处治。

沿施工缝全环开倒梯形槽,槽深 5.0cm,底口宽 20.0cm,上口宽 16.0cm。倒梯槽内再开 V 形槽,槽宽 5.0cm,深 7.0cm。

在 V 形槽内安装灌浆嘴,直径 13mm,长 10cm。钻孔直径 14mm,间距 20cm。灌浆嘴安装完毕后,采用封缝化学砂浆填塁 V 形槽,填塞厚度 5cm,保留 2.0cm 的间隙。

封缝砂浆凝固后,压注水溶性聚氨酯止水浆液,注浆压力为 1.0~1.5MPa。注浆时从下到上逐孔进行,注浆施工过程中逐步增加灌注压力。

浆液固化后,拆除灌浆嘴,在倒梯形槽底部粘贴防水胶板形成暗槽,直通排水边沟。防水胶板厚度为 5.0mm,迎胶面光滑,背面粗糙。

在槽内抹 2.0cm 厚的防渗剂,再抹 2.0cm 厚的防裂剂,然后用聚硫密封胶填槽抹平。

聚硫密封胶固化后,在槽周用水泥基渗透结晶防水涂料刮涂 2 层,厚度不小于 2mm。

8.9.5　主要施工工艺及操作要求

1）裂缝封闭处理

对所有宽度小于 0.20mm 的衬砌裂缝采用水泥基渗透结晶防水涂料进行封闭处理,沿裂缝修补宽度 15cm。

（1）材料要求

浆体性能满足《水泥基渗透结晶型防水材料》(GB 18445—2012)表 1 的基本性能指标的要求(表 8-114)。要求涂层厚度大于 0.8mm,对 0.1mm 的裂缝渗透深度 ≥150mm。

水泥基渗透结晶防水涂料　　　　　表8-114

序号	实验项目		性能指标	试验方法标准
1	外观		均匀、无结块	JC 475—2004
2	含水率(%)		≤1.5	GB/T 8077—2000
3	细度,0.63mm 筛孔的筛余量(%)		≤5	GB/T 176
4	氯离子含量(%)		≤0.1	JC 475—2004
5	施工性	加水搅拌后	乱涂无障碍	JG/T 26—2002
		20min	乱涂无障碍	
6	抗折强度(MPa),28d		≥2.8	GB/T 17671
7	抗压强度(MPa),28d		≥15.0	GB/T 17671
8	湿基面黏结强度(MPa),28d		≥1.0	GB 18445—2012
9	砂浆抗渗性能	带涂层砂浆的抗渗压力(MPa),28d	报告实测值	JC 474—2008
		抗渗压力比(带涂层)(%),28d	≥250	
		去除涂层砂浆的抗渗压力(MPa),28d	报告实测值	
		抗渗压力比(去除涂层)(%),28d	≥175	
10	混凝土抗渗性能	带涂层混凝土的抗渗压力(MPa),28d	报告实测值	GB/T 50082
		抗渗压力比(带涂层)(%),28d	≥250	
		去除涂层混凝土的抗渗压力(MPa),28d	报告实测值	
		抗渗压力比(去除涂层)(%),28d	≥175	
		带涂层混凝土的第二次抗渗压力(MPa),56d	≥0.8	

注：基准砂浆和基准混凝土28d抗渗压力应为 $0.4^{+0.0}_{-0.1}$ MPa，并在产品质量检验报告中列出。

(2) 施工要点

①基面处理：清理裂缝两侧 15cm 混凝土表面的毛刺、蜂窝、麻面等表观缺陷，冲洗干净，基面应清洁，无油污、泥尘和其他残留物，充分湿润但不得有明水。

②配制浆体：水泥基渗透结晶性防水涂料的粉料与干净的水(水要求无盐、无有害成分)调和，混合时可用手电钻装上有叶片的搅拌棒搅拌 3~5min，调成后不准再加水及粉料。边配边用，从加水拌和开始，应在 25min 内使用完毕。

③涂刷：可采用刷涂或喷涂，刷涂时，应使用专用半硬的尼龙刷，采用喷涂应垂直于基面喷涂，喷嘴与基面距离不大于 0.5m。涂刷时环境温度大于 5℃。待第 1 遍涂刷完成后，涂层已经初凝(手干状态,1~2h)，即可进行第 2 遍涂刷施工。第 2 遍涂刷用浆料的搅拌，可比第 1 遍涂刷时的浆料略稀，但必须增加涂刷的细密度。当第 1 道涂料干燥过快时，应浇水湿润后再进行第 2 道涂料涂刷。待第 2 遍涂刷完成后，检查是否有漏涂、空鼓、起粉等不良施工处，若有需及时修补。涂刷量≥1kg/m²。

④养护：涂层初凝后应立即喷雾水养护，保证涂层处于湿润状态 2~3d，不得用压力水冲洒养护，48h 内避免受到雨淋、霜冻、日晒、沙尘、污水、低温等的影响。

2) 裂缝灌胶处理

对所有宽度大于 0.20mm 的衬砌裂缝进行灌浆处理。灌浆处理后采用水泥基渗透结晶防水涂料封闭。

(1)材料要求

灌注胶采用优质 A 级改性环氧灌缝胶。选用黏度适宜的灌浆胶,确保裂缝之间的胶体能均匀密实地渗透进去,对于 0.05mm 的裂缝具有渗透能力。裂缝灌注胶无论产品本身或施工时都不得掺加任何溶剂。裂缝灌注胶的性能应不低于国家标准《工程结构加固材料安全性鉴定技术规范》(GB 50728—2011)表 4.6.4 的基本性能指标的要求(表 8-115)。

混凝土裂缝修复胶安全性鉴定标准 表 8-115

	检验项目	检验条件	性能指标	试验方法标准
胶体性能	抗拉强度(MPa)	浇筑完毕养护 7d,到期立即在(23±2)℃、(50±5)% RH 条件下测试	≥25	GB/T 2568
	受拉弹性模量(MPa)		≥1.5×10³	GB/T 2568
	伸长率(%)		≥1.7	GB/T 2568
	抗弯强度(MPa)		≥30,且不得呈碎裂破坏	GB/T 2570
	抗压强度(MPa)		≥50	GB/T 2569
	无约束线性收缩率(%)	浇筑完毕养护 7d,到期立即在(23±2)℃条件下测试	≤0.3	GB 50728—2011 附录 P
黏结能力	钢对钢拉伸抗剪强度(MPa)	黏合完毕养护 7d,到期立即在(23±2)℃、(50±5)% RH 条件下测试	≥15	GB/T 7124
	钢对钢对接抗拉强度(MPa)		≥20	GB/T 6329
	钢对干态混凝土正拉黏结强度(MPa)		≥2.5,且为混凝土内聚破坏	GB 50728—2011 附录 G
	钢对湿态混凝土正拉黏结强度(MPa)		≥1.8,且为混凝土内聚破坏	
	耐湿热老化性能	在 50℃、(95±3)% RH 环境中老化 90d,冷却至室温进行钢对钢拉伸抗剪强度试验	与室温下,短期试验结果相比,其抗剪强度降低率不大于 18%	GB 50728—2011 附录 J
	可灌注性	按本设计规定的施工方法	注入宽度为 0.1mm 的裂缝	工艺试验

注:1. 表中各项性能指标均为平均值。
    2. 干态混凝土指含水率不大于 6% 的硬化混凝土,湿态混凝土指饱和含水率状态下的硬化混凝土。

(2)施工要点

缝口表面处理→粘贴注浆嘴和出浆嘴→封缝→密封检查→灌浆→封口结束→检查。

①对混凝土表面进行处理,清除松散灰浆、砂粒、油垢,使混凝土表面保持干净。灌缝过程中,裂缝宜处于干燥状态(灌缝有特殊要求的除外)。为保证封缝质量,裂缝两边各 3~5cm 内的混凝土表面,应打磨出均匀的新鲜面。

②施工开始前,应由监理单位及建设单位确认裂缝表面封闭胶和灌注胶等产品合格证、产品质量检验报告,各项性能应满足表 8-115 的要求。当工程的裂缝灌胶量大时,应对一组试样进行拉伸剪切强度检验。受检的胶粘剂应由独立试验室人员在不小于两个包装单位中随机抽取。

③灌缝用胶必须采用已经配置好的成品,禁止现场配置。灌缝胶开始使用后,应尽快将其注入裂缝中,并在该产品规定的适用期内使用完毕。

④缝隙全部注满后应按材料要求进行养护,待浆液固化后,拆除灌浆嘴,并对混凝土表面进行修整。

⑤灌浆结束后,应检查补强效果和质量。凡有不密实或重新开裂等外观不合格情况,应及时采取补灌等补救措施,确保工程质量。可钻芯取样以检查灌缝是否饱满、密实,取芯数量依据相关技术规程现场确定。

3)混凝土表面缺陷修补施工工艺

对于混凝土表面麻面、蜂窝、破损、缺边、掉角等疏松层较浅、范围较小的缺陷,采用丙乳砂浆修补。

对于混凝土空洞、混凝土不密实、混凝土破损露筋等深层混凝土表面缺陷,采用丙乳细石混凝土修补。丙乳细石混凝土施工技术要求与丙乳砂浆施工技术要求基本相似,可参照执行。

(1)丙乳砂浆使用方法及注意事项

①丙乳需储存在0℃以上的环境中,丙乳砂浆施工要求气温高于5℃。

②一般使用42.5级以上的硅酸盐或普通硅酸盐水泥,沙子需过2.5mm筛,水泥及沙子均需满足有关规范规定。

③施工前须清除基底表面污物、尘土和松软、脆弱部分,并对基面加以喷砂或人工凿毛(深度1~2mm),然后用清水冲洗干净,施工前应使待施工面处于饱和状态(但不应有积水),在薄层修补区的边缘宜凿一道3~5cm的深齿槽,增加修补面与老混凝土的黏结。

④根据工程要求,选定灰砂比及丙乳掺量,应选灰砂比1:(1.5~2)砂浆,丙乳掺量为水泥用量25%~30%。施工前根据现场水泥和沙子及施工和易性要求通过试拌确定水灰比。

⑤丙乳砂浆拌制时,先将水泥、沙子拌均匀,再加入经试拌确定的水量及丙乳,充分拌和均匀,材料必须称量正确,尤其是水和丙乳,拌和过程中不能随意扩大水灰比,每次拌制的砂浆,要求能在30~45min内使用完,不宜一次拌和过多数量。

⑥在涂抹砂浆时,修补面上需先用丙乳净浆打底,净浆配比为1kg丙乳加2kg水泥拌制成浆,在净浆未硬化间,即铺筑丙乳砂浆。仰面和立面施工,涂层厚度超过7mm时,需分二次抹压,以免重垂脱空,砂浆铺筑到位后,用力压实,随后抹面,注意向一个方向抹面,不要来回多次抹,不需第二次收光。修补面积较大时,可隔块跳开分段施工。

⑦丙乳砂浆早期干缩偏大,应特别注意加强早期养护,丙乳砂浆表面略干后,宜用农用喷雾器喷雾养护。一昼夜后再洒水养护7d即可自然干燥,在阳光直射或风口部位,注意遮光、保湿。

⑧如果施工面为斜面或曲面,施工应从较低部位开始,然后依次施工到较高部位,修补面积较大宜分段分块间隔施工,以避免砂浆干缩开裂。

(2)丙乳细石混凝土施工方法及注意事项

①采用丙乳细石混凝土配合比参照前述丙乳砂浆配合比由试验室确定,要求1d抗压强度不小于30MPa,7d抗压强度不小于50MPa,28d抗压强度不小于60MPa。可添加适量膨胀剂,补偿收缩。

②修补施工程序。

a. 首先将疏松区劣质混凝土凿除,其周边宜凿成规则的多边形,开凿范围以见新鲜密实混凝土为止,开凿区以及孔洞四周边宜做成台阶状,台阶高差以不小于3cm为宜。

b. 剔除开凿表面(新旧混凝土结合面)的浮石,并清洗开凿表面,饱水24h。

c. 在保持结合面湿润但无自由水的情况下,涂刷丙乳净浆,立模浇筑丙乳细石混凝土并振捣密实,终凝后及时拆模覆盖湿麻袋保持潮湿7d。

d. 养护7d后,在修补区的外露表面无尘埃、无自由水且湿润的条件下,用丙乳净浆在纵横向分批涂抹。

4)衬砌脱空注浆施工工艺

(1)注浆材料

注浆施工时需根据脱空尺寸选择合适的注浆材料。要求注浆浆液具有良好的流动性,注浆时不产生离析,固结收缩小,具有良好的黏结性、抗渗性、耐久性和化学稳定性。

(2)注浆施工工序

衬砌背后脱空注浆施工工序为:缺陷位置检测与标记→钻注浆孔与排气孔→埋设注浆管和排气管→封堵注浆管边缝及接管→配置注浆材料→注浆→二次补压→下一注浆孔。

①缺陷位置检测与标记。

在施工前,对衬砌脱空位置进行检查和核对,检查以无损检测为主,必要时钻设ϕ25mm孔进行脱空核对,对核实存在的病害区进行标识,做到标识清楚,编号有序,便于开展施工,不至于盲目施工,耽误作业时间。标识需明确标明该段缺陷处理内容、缺陷脱空所在的位置及厚度等参数,以便作业人员明白作业内容、打孔深度等,便于下一步注浆工作的开展。

②人员、物资、机械具准备。

根据施工计划,提前准备好相应的施工机具,组织好有经验的施工人员。对施工人员进行安全培训和考核,考核合格后方可上岗。

③施工作业平台安拆。

作业平台采用拼装式脚手架,顶部工作平台满铺5cm厚的木板,木板采用绑丝绑扎牢固,严禁出现探头板,顶部工作平台四侧设置高度不小于1.0m的围栏,确保作业人员的安全。施工平台搭设和拆除期间,应在前后端放置安全警示牌,并在平台四周缠绕警示带。

④凿眼及钻孔。

利用破检孔,伸入8号铁丝或内窥镜至脱空缺陷内检测缺陷范围,确定缺陷范围的最高处后,根据标记位置使用风枪对衬砌进行钻孔。现场技术人员需根据检测报告显示脱空厚度,依据隧道衬砌设计厚度,给现场作业人员进行技术交底,明确孔位、孔深。作业人员需严格根据技术交底要求的施工参数,进行钻孔作业,具体操作如下:

a. 作业人员钻孔深度未达到技术交底深度而已有钻机突进现象时应停止作业,说明空洞位置已到。

b. 作业人员钻孔深度已达到技术交底要求的深度时,仍未发现有突进空洞,应立即停止钻孔,并及时上报现场负责人,进行进一步处理,严禁私自加深钻探孔深。

钻孔采用ϕ40mm钻头钻眼成孔,横向间距1.6m/孔,排气孔设置于注浆孔上30~50cm处,向下倾斜3°。

⑤埋设注浆管及排气孔。

采用ϕ20mm水管(带丝扣连接阀门)埋设注浆管及排气管,管口中心对正钻眼位置,排气管口比注浆管口高。

⑥封堵注浆管边缝及接管。

埋设好注浆管及排气管后,用环氧树脂砂浆(一般初凝8min,终凝15~20min)封管,封管时将表面凿除部分全部封堵。

注浆前用塑料管口连接丝扣连接口,注浆前应与每根预留注浆管进行试接,确保拌制的浆液能够在规定的时间内使用完,使注浆能够连续进行。

⑦注浆处理。

注浆前做好水泥浆(水泥砂浆、细石混凝土)配比试验,确定配比(必要时增加膨胀剂),水泥宜采用硅酸盐水泥。浆液要求能连续拌制,拌制过程中严格监控水泥用量,确保浆液的稠度。

注浆管埋设 1h 后开始注浆。采用双液压注浆泵注浆,注浆压力为 $0.1\sim0.15$ MPa,注浆速度一般为 $30\sim60$ L/min,注浆终压力为 0.2 MPa。注浆应采用微膨胀性的水泥砂浆,按照试验室提供的配合比做好现场水泥砂浆的调试,注浆时随时观察压力和流量变化。当注浆压力达到 0.2 MPa 或相邻孔出现串浆时,即可结束本孔注浆,注浆完毕后采用纱布封堵注浆管,防止浆液从管内溢出。

⑧二次补压。

第一次注浆后间隔 2h,将每个注浆孔按 0.1 MPa 的压力保持 10min 注浆。当达到下述情况之一时即可结束注浆:

a. 当注浆压力达到设计终压 0.2 MPa 时;

b. 当注浆量达到或超过计算注浆量,孔口管出现冒浆时;

c. 当注浆压强已达到设计终压,且稳压 10min 后,即使进浆量仍未达到计算浆量,也可结束注浆。

⑨拔管及封堵。

注浆完成后,将注浆管沿孔根部用手砂轮割除,将混凝土表面的破损部分清除干净,用环氧胶砂修补平整。

(3)注意事项

①对于施工人员的选择,由于施工质量及工艺要求较高,必须选派有经验和工艺熟练的工人进行培训后,再进行施工。

②处治现场必须派遣专职安全员及质检员全程盯控,要求处治一次到位。

③做好作业人员岗前安全培训,施工现场必须佩戴好安全防护用品,高空作业人员系好安全带,所采用的升降设备应设有扶手或安全栏杆。

④注意注浆设备的使用、保养,非机电修理人员不得随意拆换设备,注意用电安全,经常检查,杜绝漏电。

⑤作业场地及运输车辆及时清扫、冲洗,保证场地及车辆清洁,按照规定给每个施工人员配备劳动保护用品、防尘口罩。

⑥预埋注浆管时应小心作作以免将衬砌背后防水板捅破,影响隧道防水能力。

⑦注浆浆液的配合比在施工前必须经试验后确定。

⑧注浆初压为 $0.1\sim0.15$ MPa,注浆终压为 0.2 MPa。如出现某一个孔眼压注浆液消耗较多仍未饱满时,应暂停压注该孔,间歇 24h 后,再进行压注,直到该眼孔压注浆液饱满为止。

⑨注浆顺序为由下向上,从下坡方向向上坡方向依次注浆,如遇地下水,则先在无水、少水地段注浆后在有水或多水地段注浆。压浆过程中,如遇相邻眼孔流浆时,应用木塞塞紧。

⑩配制好的浆液应在最短的时间内注完,不超过规定时间。浆液浓度,胶凝时间应符合设

计要求,不得任意改变。

⑪注浆结束的标准可根据注浆压力、注浆量及有关的检测资料综合判定。

⑫注浆结束后应将注浆孔封填密实。

⑬所选用的输浆管必须有足够的强度;浆液在管内流动顺畅。

⑭注浆施工力求一次完成,对注浆量较大部位必须连续压注,设备的压力和流量满足施工需要。

⑮注浆过程中要始终注意观察注浆压力和输浆管的变化,当泵压骤增、注浆量减少时,多为管路堵塞或被注物不畅,当泵压升不上去,进浆量较大时,检查浆液黏度和凝固时间。

⑯注浆过程中出现跑浆、冒浆,多由封闭不严导致。当出现此种情况时,应停止注浆,重做封闭工作。

5)衬砌渗水注浆封堵施工工艺

(1)注浆材料

注浆材料采用聚氨酯类灌浆材料,应具有良好的黏合力,能够在干燥或潮湿的环境中使用,在裂缝或空隙中具有良好的渗透性。其物理力学性能指标要求满足《聚氨酯灌浆材料》(JC/T 2041—2010)第6.2条的要求,见表8-116。

聚氨酯类灌浆材料物理力学性能指标要求　　　　表8-116

序号	试验项目	指标(WPU)	试验条件
1	密度(g/cm^3)	≥1.0	标准试验条件为温度(20±2)℃,相对湿度50%±10%
2	黏度(MPa·s)	≤$1.0×10^3$	
3	胶凝时间(s)	≤150	
4	凝固时间(s)	—	
5	遇水膨胀率(%)	≥20	
6	包水性(10倍水)(s)	≤200	
7	不挥发物含量(%)	≥75	
8	发泡率(%)	≥350	
9	抗压强度(MPa)	—	

(2)施工工艺

衬砌渗水注浆封堵施工工艺可参考衬砌脱空注浆施工工艺,注浆孔采用梅花形布置。

①注浆压力:注浆压力控制在1.0~1.5MPa。

②注浆原则:由下部孔眼向上部孔眼压注,以确保地下水被封堵在二次衬砌背后;由无水地段向有水地段压注,由水少地段向水多地段压注,以使水流汇集,便于引排。

③处治效果检查:注浆完成后,附近区域裂缝如有漏浆现象,说明浆液已扩散到此位置,可能达到了封堵作用,应观察一段时间,暂时可不进行其他处治工作。如注浆封堵不能达到止水的目的,则应采取其他处治措施进行处治。

6)衬砌施工缝渗水处治施工工艺

(1)注浆材料

注浆材料采用聚氨酯类灌浆材料,应具有良好的黏合力,能够在干燥或潮湿的环境中使用,在裂缝或空隙中具有良好的渗透性。其物理力学性能指标要求满足《聚氨酯灌浆材料》(JC/T 2041—2010)6.2 条的要求,见表 8-116。

(2)施工工艺

对于施工缝部位的渗水处治处治施工工艺如下:

①开凿槽口。

沿施工缝全环开倒梯形槽,槽深 5.0cm,底口宽 20.0cm,上口宽 16.0cm。倒梯槽内再开 V 形槽,槽宽 5.0cm,深 7.0cm。

开倒梯形槽时,可先用手提式切割机切缝 2cm 深,再凿 3cm 深。V 形槽开凿完成后,清理干净混凝土残渣,并用清水冲洗干净。

②注浆封堵。

在 V 形槽内安装灌浆嘴,直径 13m,长 10cm。钻头直径 14mm,间距 20cm。灌浆嘴安装完毕后,采用封缝化学砂浆填塞 V 形槽,填塞厚度 5cm,保留 2.0cm 的间隙。

封缝砂浆凝固后,压注化学止水浆,注浆压力为 1.0~1.5MPa。注浆时从下到上逐孔进行,注浆施工过程中逐步增加灌注压力。当相邻孔眼开始出浆后,保持压力 3~5min,即可停止本孔注浆。

③粘贴防水胶板。

浆液固化后,拆除灌浆嘴,清理打磨混凝土表面,在倒梯形槽底部粘贴防水胶板,胶板厚度 5.0mm。胶板迎胶面光滑,背面粗糙,再用射钉固定。

④槽口回填。

在胶板上抹 2cm 厚的防渗剂,再抹 2cm 厚的防裂剂,然后用聚硫密封胶填槽抹平。

⑤刮涂水泥基渗透结晶防水涂料。

聚硫密封胶固化后,在槽周用水泥基渗透结晶防水涂料刮涂两层,厚度不小于 2mm。

8.9.6 施工注意事项

施工时除应严格遵守交通部部颁标准的有关要求外,尚应注意:

(1)根据检测报告中所述缺陷,逐处进行核对,确定施工范围,并检查缺陷是否有发展、遗漏,报请现场监理及建设单位核实认可,经监理工程师确认的一切工程质量缺陷均应列入施工范围内。

(2)在裂缝压力灌浆期间,应注意观察灌胶量突变的情况,一旦出现此类情况要查明原因后方可继续施工。

(3)当结构胶用量小于 1t 时,应作一组试样进行抗拉强度、抗剪强度及正拉黏结强度检验;用量大于 1t 时,应每增加 1t 增加一组试验。受检的结构胶应由独立试验室人员在不小于两个包装单位中随机抽取。

(4)裂缝修补用到的关键材料必须进行抽样检测,抽样应符合设计文件及监理工程师的要求,样品由监理现场鉴封处理后送至鉴定单位(要求鉴定单位具备相应资质)检测,各项指标应达到国家及行业相应技术规范和规程的要求。不得使用不合格的修补材料(主材及辅材),材料须经过严格的检验,并有合格证书,同时应注意材料的有效期;施工时须严格按照使用说明的配比及步骤操作,避免操作失误导致修补失败。

8.9.7 其他

（1）为保证修补施工质量、施工安全，建议选择承担该维修工程的施工队伍时应选择具有相应专业承包资质和丰富经验的专业队伍。

（2）施工单位若采用有损于结构构件的工艺、方法、大型机具设备或较大的临时荷载等，必须征得设计和监理单位的同意。

（3）施工中发现新的缺陷及与本指南不一致的地方，应及时与建设单位、监理工程师、设计单位取得联系，共同商定解决办法。

（4）其他未尽事宜由建设单位、设计单位、监理工程师、施工单位共同协商解决。

第9章 结论与展望

9.1 结　　论

　　公路工程验收工作的依据为《公路工程竣(交)工验收办法》。该办法适用于新建或改建的公路工程,但桥梁维修加固工程项目既可能属于改建工程或专项工程,也可能属于大修、中修或小修工程,一般为公路养护工程范畴;因此属于养护工程的桥梁维修加固项目验收无明确依据,但从保障质量、规范工程管理及总结成果的要求来考虑,显然也应进行验收。

　　桥梁维修加固工程相对于公路新建工程具有规模小、周期短、新技术新工艺新材料多、约束条件多等特点,现行验收办法对于桥梁维修加固工程的验收存在适用性问题,相关公路构筑物维修加固工程的验收工作依据目前仍处于空白阶段。本书全面阐述了公路构筑物维修加固工程的验收工作中质量管理的必要性及公路维修加固工程竣(交)工验收的主要特点,并对公路维修加固工程验收的质量评定方法、组织管理及验收后的工作分工进行了阐述。结合公路构筑物交工验收案例进行了典型加固方法的分析。可作为今后公路工程构筑物维修加固工程竣(交)工验收所参考。

9.2 展　　望

　　工程竣(交)工验收作为工程后评价的重要组成部分,其发展有赖于整个后评价体系的技术发展。

　　目前,虽然我国已经在公路建设项目后评价方面做了大量的研究工作,也制定了相应的办法,但仍不能直接应用于桥梁加固工程。桥梁作为公路建设项目的一部分,具有较强的独立性和特殊性。桥梁工程的后评价是公路建设项目后评价的一个子集,但不能简单地用后者替代前者,它们存在共性的地方,也有很大的差异性,在对整个公路建设项目后评价时桥梁的效果是不可能完全体现的。加固又是桥梁建设的特殊工程,利用传统的后评价方法不能完全准确地评价桥梁加固后的实际效果,必须针对桥梁加固技术的本身特点建立一套相适应的后评价方法。这对于完善我国公路建设后评价理论体系具有非常重要的理论意义。

　　我国和国外发达国家都对桥梁结构的功能性检测评价方面进行了深入的研究,提出了比较成熟的桥梁承载能力和使用性能的评定方法。美国、英国、加拿大等国家已颁布了基于结构可靠度理论的桥梁评估规范,我国曾在2011年颁布试行了《公路桥梁承载能力检测评定规范》(JTG/T J21—2011),均局限于桥梁结构承载能力评价方面,没有从经济效益、社会环境影响等方面加以考虑。加强桥梁加固后的经济效益、社会环境影响及其持续性等方面的评价工作是十分必要的,这对于全面衡量桥梁加固的实际效果具有重要意义。

我国在大力进行交通基础建设的同时,也重视对原有交通设施的改造利用。交通部在《公路养护与管理发展纲要(2001—2010年)》中指出要"逐步改造国省干线公路上的老旧桥梁,到2005年基本消灭国省干线公路上的危桥",并且要"实现养护投资决策的科学化,提高投资的使用效益。"2016年发布的《"十三五"公路养护管理发展纲要》指出:"保障桥隧良好技术状况。国省道一、二类桥梁比例90%以上,现有四、五类桥梁(隧道)改造加固率100%,新发现四、五类桥梁(隧道)当年处治率100%""继续实施公路安全生命防护工程、危桥(隧)改造工程和灾害防治工程"等。2019年发布的《交通强国建设纲要》指出:"强化交通基础设施养护"。

我国经济还不发达,养护资金短缺,如何合理利用有限的资金满足路网改造需求,是中国公路建设和改造工作中面临的一大难题。一般情况下,公路构造物加固维修费用较少,但加固后的综合效益却非常显著。加强桥梁加固效果后评价的研究,以确定公路构造物维修加固项目是否经济、合理、有效,可为以后的类似项目提供指导,让有限的资金发挥更大的效益,后评价除工程竣(交)工验收涉及的施工质量外,设计质量也应纳入评估范围。所以,未来进一步开展公路构造物加固维修后评价方法研究,建立合理有效的评价体系,具有重要的现实意义和前瞻性。

附件 公路桥梁维修加固工程质量检验评定标准

1 范围

本标准用于公路桥梁维修加固工程的质量检验评定。

2 规范性引用文件

《公路工程质量检验评定标准》(JTG F80/1—2017)
《工程结构加固材料应用安全性鉴定规范》(GB 50728—2011)
《混凝土结构加固设计规范》(GB 50367—2013)
《公路桥涵施工技术规范》(JTG/T F50—2011)
《公路桥梁加固设计规范》(JTG/T J22—2008)
《公路桥梁加固施工技术规范》(JTG/T J23—2008)
《混凝土结构后锚固技术规程》(JGJ 145—2013)
《水泥基渗透结晶型防水材料》(GB1 8445—2012)
《预应力高强钢丝绳加固混凝土结构技术规程》(JGJ/T 325—2014)
《混凝土结构耐久性修复与防护技术规程》(JGJ/T 259—2012)
《钢筋阻锈剂应用技术规程》(JGJ/T 192—2009)
《公路桥梁橡胶支座更换技术规程》(DB32/T 2173—2012)
《公路桥梁钢结构防腐涂装技术条件》(JT/T 722—2008)
《混凝土桥梁结构表面涂层防腐技术条件》(JT/T 695—2007)
《海港工程混凝土结构防腐蚀技术规范》(JTJ 275—2000)
《纤维增强复合材料加固混凝土结构技术规程》(DG/T J08-012—2002)
《公路桥梁荷载试验规程》(JTG/T J21-01—2015)
《公路工程竣(交)工验收办法实施细则》

3 术语

3.1 关键项目 Key Item

分项工程中对结构安全、耐久和主要使用功能起决定性作用的检验项目。

3.2 一般项目 General Item

分项工程中除关键项目以外的检验项目。

3.3 外观质量 Quality of Appearance

对通过观察和必要的测试所反映的工程外在质量和功能状态进行评价。

4 维修加固工程质量评定

4.1 一般规定

4.1.1 公路桥梁维修加固工程质量检验评定应按分项工程、分部工程、单位工程逐级进行,并应符合下列规定:

(1)在合同段中,单独特大桥、大桥或成批中小桥为一个单位工程。

(2)在单位工程中,可按结构部位及施工特点等划分分部工程。

(3)在分部工程中,根据施工工序、工艺或材料等划分分项工程。

4.1.2 公路桥梁维修加固工程的单位工程、分部工程和分项工程应在施工准备阶段按本标准附录 A 进行划分。

4.1.3 加固工程质量检验评定均应在施工单位自检合格的基础上进行。

(1)分项工程由监理单位组织施工单位项目专业技术负责人进行检验评定。

(2)分项工程完工后,施工单位按本标准所列基本要求、实测项目和外观质量的要求进行自检,对工程质量进行自我评定。

(3)分部、单位工程完工后,施工单位应汇总所属分项、分部工程质量评定资料,进行外观质量检查,对工程质量进行自我评定。

(4)加固工程中的隐蔽工序在隐蔽前,施工单位应通知监理单位进行检查验收,合格后方可继续施工。

4.1.4 建设单位、监理单位、检测单位和质量监督部门可根据本标准进行工程质量检查、检测、评定和鉴定。

4.2 工程质量的检验

4.2.1 分项工程应按基本要求、实测项目、外观质量和质量保证资料等检验项目分别检查。

4.2.2 分项工程质量应在符合基本要求规定、无外观质量限制缺陷且质量保证资料真实齐全时,方可进行检验评定。

4.2.3 基本要求检查应符合下列规定:

(1)分项工程应对所列基本要求逐项检查,经检查不符合规定时,不得进行工程质量的检验评定。

(2)分项工程所用的各种原材料的品种、规格、质量及混合料配合比和半成品、成品应符合有关技术标准规定并满足设计要求。

4.2.4 实测项目检验应符合下列规定:

(1)对检查项目按照规定的检查方法和频率进行随机抽样检验,计算合格率。

(2)本标准规定的检测方法为标准方法,也可采用经比对确认可靠、高效、快速检测设备和方法。

(3)检查项目合格率应按下式进行计算:

$$检查项目合格率(\%) = \frac{合格的点(组)数}{该检查项目的全部检查点(组)数} \times 100$$

4.2.5 检查项目合格判定应符合下列规定：

(1)关键项目(在文中以"△"标识)的合格率不得低于95%(属于工厂加工制造的桥梁金属构件为100%)，否则该检查项目及所属分项工程为不合格。

(2)一般项目的合格率不得低于80%，且检测值的偏差不得超过允许偏差的1.5倍，否则该检查项目为不合格。

(3)有规定极值的检查项目，任一单个检测值都不得突破规定极值，否则该检查项目为不合格。

(4)采用数理统计方法进行评定的检查项目，不符合要求时，该检查项目为不合格。

(5)监理单位对检查项目的判定结果与施工单位自检评定结果不一致且有争议时，监理单位应按照该检查项目规定的检查频率进行检验评定。

(6)检查项目评为不合格的，应进行返工处理直至合格。无法处理或经检测鉴定达不到设计要求、但经原设计单位或建设单位委托不低于原设计单位资质等级设计单位核算认可能够满足安全和使用功能的，可予以评定。

4.2.6 外观质量应进行全面检查，并满足规定要求，否则该检验项目为不合格。对不符合外观质量要求的缺陷，施工单位应采取措施进行整修或返工处理后再进行评定。不合格情况记入档案。

4.2.7 质量保证资料：工程应有真实、准确、齐全、完整的施工原始记录、试验数据、质量检查结果等质量保证资料。缺乏最基本资料，或有伪造涂改者，不予检验。当个别质量保证资料缺失时，应有检测机构出具的实体质量合格检测报告。质量保证资料应包括下列主要内容：

(1)所用原材料、半成品和成品质量检验结果；

(2)材料配比、拌和加工控制检验和试验数据；

(3)地基处理、隐蔽工程施工记录和施工监控资料；

(4)各项质量控制指标的试验记录和质量检验汇总图表；

(5)施工过程中遇到的非正常情况记录及其对工程质量影响分析；

(6)施工过程中如发生质量事故，经处理补救后，达到设计要求的认可证明文件等。

4.2.8 检验项目评为不合格的，应进行整修或返工处理直至合格。

4.3 工程质量等级评定

4.3.1 工程质量等级分为合格与不合格。

4.3.2 分项工程、分部工程、单位工程质量评定应有符合本标准附录B规定的资料。

4.3.3 分项工程质量评定合格应符合下列规定：

(1)检验记录应完整。

(2)实测项目应合格。

(3)外观质量应满足要求。

4.3.4 分部工程质量评定合格应符合下列规定：

(1)评定资料应完整。

(2)所含分项工程及实测项目应合格。

(3)外观质量应满足要求。

4.3.5 单位工程质量评定合格应符合下列规定：
(1)评定资料应完整。
(2)所含分部工程应合格。
(3)外观质量应满足要求。

4.3.6 评定为不合格的分项工程、分部工程，经返工、加固、补强或调测，满足设计要求后，可重新进行检验评定。

4.3.7 所含单位工程合格，该合同段评定为合格；所含合同段合格，该建设项目评定为合格。

5 桥梁混凝土裂缝修补工程

5.1 非活动型裂缝封闭(裂缝宽度<0.15mm，水泥基)

(1)基本要求

①混凝土表面存在脱模剂等妨碍涂层渗透结晶的物质，涂刷前应处理，未处理或无法处理的，不可采用此材料封闭裂缝。

②裂缝封闭用水泥基浆体类别、规则及性能指标满足《水泥基渗透结晶型防水材料》(GB 18445—2012)的规定，有完整的出厂质量合格证明书。渗透结晶性能必须有资质单位出具的检验报告，大规模使用时应在使用前，应进行工艺试验，单面渗透深度应满足设计要求。

③裂缝封闭现场环境条件、基面处理、配制浆体、涂刷工艺和养护措施等施工工艺符合设计和产品要求。

(2)实测项目(附表5-1)

混凝土裂缝封闭实测项目　　　　　　　附表5-1

项次	检查项目	规定值或允许偏差	检查方法和频率
1△	涂层干膜厚度	平均厚度和80%的测点厚度≥设计厚度，最小厚度≥80%设计厚度	7d后用测厚仪检查，每20m²查1点，测点总数不小于30点
2△	涂层附着力(MPa)	不小于设计，设计未规定时取1.0	附着力测试仪：每50m²抽检2点

注：对于采用单条裂缝封闭的情况，按附表5-4的要求进行厚度和宽度检测。

(3)外观质量

封闭表面完整均匀，无破损、气泡、裂缝、漏涂、流挂、起泡、剥落等现象，应修补。

5.2 非活动型裂缝封闭(裂缝宽度<0.15mm，环氧基)

(1)基本要求

①环氧树脂裂缝胶材料类别、规格及性能指标应符合现行相关标准和设计的要求，并具有出厂合格证。

②缝口处理时打磨范围应超出裂缝四周各200mm，并按工艺清理至洁净。

③按照设计或产品说明书要求配兑和涂刷环氧树脂封缝胶。

(2)实测项目(附表5-2)

混凝土裂缝封闭实测项目　　　　　　　　　　　附表5-2

项次	检 查 项 目	规定值或允许偏差	检查方法和频率
1	裂缝表面封闭宽度	满足设计要求且≥20	尺量:2点/每条
2△	裂缝表面封闭厚度	满足设计要求且≥1	测厚仪:2点/条

(3)外观质量

①封缝表面均匀平整,无脱落,不符合要求时应修补。

②封缝表面不得出现裂缝,不符合要求时应修补。

5.3　非活动型裂缝灌胶(裂缝宽度≥0.15mm,<1.5mm)

(1)基本要求

①施工开始前,应确认环氧树脂灌缝胶产品合格证、产品质量检验报告,其品种、性能、规格和质量必须符合有关规范和设计的要求。当工程的裂缝灌胶量大时,应作一组试样进行拉伸剪切强度检验。受检的胶粘剂应由独立试验室人员在不小于两个包装单位中随机抽取。

②应按设计要求对混凝土表面进行处理,达到清洁、密实、坚固,湿度应与修补材料相适应。

③裂缝修补应严格按规定工艺进行。裂缝灌注胶无论产品本身或施工时都不得掺加任何溶剂。

④灌浆胶黏度选用适宜,确保裂缝之间的胶体能均匀密实地渗透进宽度为0.05mm的裂缝。

⑤裂缝压胶顺序,应遵循从下向上,由低向高的原则。

(2)实测项目(附表5-3)

混凝土裂缝灌胶实测项目　　　　　　　　　　　附表5-3

项次	检 查 项 目	规定值或允许偏差	检查方法和频率
1	灌浆嘴间距(mm)	符合设计要求	钢直尺:抽查10%
2△	灌缝饱满度	缝宽≥0.05mm处有胶	取芯机:每座桥取2～3个芯样观测
3△	取芯劈裂抗拉强度	劈裂破坏应发生在混凝土内部;存在界面破坏时,其面积不大于破坏总面积的15%	压力机:每座桥取2～3个芯样试验

(3)外观质量

①混凝土裂缝表面应平整、洁净、颜色与混凝土基本一致,不符合要求时应修整平整。

②混凝土裂缝表面不得遗留胶泥、注胶器、注胶嘴等施工残余物,不符合要求时应处理干净。

5.4　非活动型裂缝注浆(裂缝宽度≥1.5mm)

(1)基本要求

①对于裂缝较宽(≥1.5mm)的非活动裂缝,可以根据设计要求采用超细无收缩水泥注浆料、不回缩微膨胀水泥注浆料及改性聚合物水泥注浆料等进行裂缝封闭。所用材料类别、规格及性能指标应符合现行相关标准和设计的要求。

②对于深层裂缝(缝深大于1.0m)宜采取钻孔埋管的方式注浆。浅层的可采用压力注浆工艺。

(2)实测项目

同5.3节。

(3)外观质量

同5.3节。

5.5 活动型裂缝封闭

(1)基本要求

①宜采用无流动性的有机硅酮、聚硫橡胶、改性丙烯酸酯、聚氨酯等具有弹性和柔韧性的材料。条件不具备时,也可采用微膨胀水泥砂浆、聚合物砂浆或细石混凝土填缝。所用材料类别、规格及性能指标应符合现行相关标准和设计的要求。

②沿裂缝走向按设计和规范规定的剖面尺寸骑缝凿槽或切槽,凿槽或切槽应延伸过裂缝末端,槽的端头应做成弧形,以避免该处应力集中。凿槽或切槽完成后,应吹风清洁干净。

③当设置隔离层时,槽底隔离材料应采用不吸潮膨胀、且不与弹性密封材料及结构材料相互发生反应的材料,隔离材料应紧贴槽底。

④处理活动裂缝或尚在发展的裂缝时,填入槽中的弹性密封材料宜低于构件表面高度。

(2)实测项目(附表5-4)

混凝土活动裂缝封闭实测项目　　　　　　　　　附表5-4

项次	检查项目	规定值或允许偏差	检查方法和频率
1	缝口宽度(mm)	符合设计要求,且≥20	钢直尺:2点/缝

(3)外观质量

①采用无机材料时裂缝封闭表面应平整,无裂缝,不符合要求时应处理。

②采用有机材料时缝表防护层应粘贴牢固,无填料溢出,不符合要求时应处理。

6 植筋工程

(1)基本要求

①植筋所用钢筋、结构胶等材料类别、规格及性能指标应符合现行相关标准和设计的要求,并具有出厂合格证。

②胶粘剂填料必须在工厂制胶时添加,严禁在施工现场加入。

③钢筋应单向旋转插入到孔底,孔口多余的胶应清除,保证植入的钢筋与孔壁间隙基本均匀,校正钢筋的垂直度。严禁采用胶粘剂直接涂抹在钢筋上植入孔中的植筋方式。

④对施工的盲孔应立即清孔干净后用植筋环氧胶回填。

⑤在胶液固化之前,避免扰动锚固钢筋和在孔位附近有明水,植筋孔胶液完全固化后,方可进行后续工程。

(2)实测项目(附表6-1)

(3)外观质量

植筋孔口胶液外露均匀,外露钢筋无锈蚀与残胶,不符合要求时应处理锈蚀和残胶。

植筋实测项目 附表6-1

项次	检查项目		规定值或允许偏差		检查方法和频率
1△	抗拔力(kN)①		满足设计要求		固化7d后,按JGJ 145—2013附录B,抽检3%,且不少于5根
2	孔径(mm)		孔径<14	≤1	尺量:每规格抽查10%
			孔径14~28	≤2	
3△	孔深(mm)	上下部结构	+10,0		
		承台与基础	+20,0		
		连接节点	+5,0		
4	钻孔垂直度(°)	上下部结构	2		
		承台与基础	3		
		连接节点	1		
5	位置偏差(mm)	上下部结构	5		
		承台与基础	10		
		连接节点	5		

注:①对锚固质量有怀疑时应按JGJ 145—2013要求选取锚固区外的同条件位置进行现场破坏性检验。

7 粘贴纤维复合材料布工程

(1)基本要求

①粘贴纤维布所用纤维布材、浸渍/黏结用胶粘剂和表面防护等材料类别、规格及其各种性能指标及技术参数均应符合设计和相关规范的要求,并具有出厂合格证。

②根据工艺要求,现场气温应大于等于5℃,如果气温低于5℃,应使用适于低温的特殊胶种或采取其他加温处理措施,如气温长时间低于5℃,应暂停施工。宜选择夜间温度较低时且稳定时进行粘贴施工(日出前5h)。

③按设计要求对原构件缺陷进行修补,严格按有关规范进行各工序隐蔽工程检验与验收,如施工质量不能满足相关条款要求时,应立即采取补救措施或返工。

④纤维复合材料实际粘贴面积、搭接长度、搭接宽度等符合设计要求。当采用多条或多层纤维复合材料加固时,其搭接位置应相互错开。

⑤当纤维复合材料的粘贴空鼓面积小于10000mm²时,可采用针管注胶方式进行补救,当空鼓面积大于10000mm²时,宜将空鼓处的纤维复合材料切除,重新搭接贴上等量的纤维复合材料,搭接长度应符合设计要求。

(2)实测项目(附表7-1)

粘贴纤维布实测项目 附表7-1

项次	检查项目		规定值或允许偏差	检查方法和频率
1△	黏结质量	空鼓面积之和与总粘贴面积之比	小于5%	超声波、红外线或敲击:100%
		胶黏剂厚度	<2mm	钢尺测量:每构件3处
		硬度	>70°	洛氏硬度试验方法:每构件3处

续上表

项次	检查项目	规定值或允许偏差	检查方法和频率
2	构件表面处理	符合设计要求	目测或尺量：全部
3	粘贴误差	中心线偏差≤10mm	钢尺测量：全部
4	粘贴数量	≥设计数量	目测：全部
5△	正拉黏结强度（MPa）	≥2.5，且破坏面在混凝土内	拉拔仪：每20～30m² 抽取一处，且不少于1处

(3)外观质量

①表面平整、清洁，边缘顺直，防护完好，不符合要求时应处理。
②表面无气泡，胶瘤和翘边，不符合要求应处理。
③用于补强的碳纤维布工程，不应有明显的歪斜，不符合要求时应处理。

8 粘贴钢板工程

(1)基本要求

①粘贴钢板所用钢板、锚栓、黏结剂与防腐材料种类、型号、规格、数量和质量应符合有关规范及设计要求，并具有出厂合格证。
②混凝土表面及钢板粘贴面处理应符合设计要求。
③粘贴施工的环境条件应满足设计、施工技术规范及所用结构胶的要求。
④粘贴钢板表面应平整，不得有折角。钢板粘贴面除锈后应及时进行粘贴，避免再次生锈。
⑤钢板锚孔位置与混凝土构件上钻孔位置应一致，钻孔不应损伤原结构钢筋。
⑥外露钢构件应按设计要求进行涂装防腐处理。

(2)实测项目（附表8-1）

粘贴钢板实测项目　　　　　　　　　　　　附表8-1

项次	检查项目		规定值或允许偏差	检查方法和频率
1△	钢－混凝土黏结正拉强度（MPa）[①]		≥f_{t_k}和2.5	拉拔仪：每100m² 设不少于1组，每组测3个点
2△	粘贴密实度		有效粘贴面积≥95%	超声波、红外线或敲击：抽查50%
3	锚栓	钻孔直径（mm）	+2，-1	钢尺：抽查20%
		锚固深度（mm）	+5，0	
		钻孔垂直度	3°	
		位置（mm）	5	
4	钢板位置（mm）		±10	钢尺：检查全部
5	防腐层厚度		符合设计要求	测厚仪：每5m² 查1点，测点总数不小于30点

注：①对于表面粘贴的钢板，可对粘好的钢板采取现场取样的方式测试；对于压力注胶法粘贴的钢板，宜采用施工前，工艺试验的方式检验粘贴强度。

(3)外观质量

①钢板边缘的溢胶，色泽均匀，胶体固化。

②钢板平直、顺贴,无局部翘曲、歪扭,不符合要求时应返工。
③涂装表面完整光洁,均匀一致,无破损、气泡、裂缝、针孔、凹陷、麻点、流挂和皱皮等缺陷,不符合要求时应返工。
④涂装的漆膜颜色一致,不符合要求时应返工。

9 混凝土结构耐久性防护工程

9.1 硅烷浸渍

(1)基本要求

①硅烷浸渍所用硅烷种类、型号、规格、数量和质量应符合有关规范及设计要求,并具有出厂合格证。禁止采用短链的硅氧烷体系。
②涂装硅烷时的施工环境条件、混凝土表面处理状态应满足设计和产品说明的要求。
③受氯盐侵蚀的混凝土构件,宜排盐处理后再进行硅烷浸渍。
④混凝土修补后应不少于14d,方可实施浸渍。

(2)实测项目(附表9-1)

硅烷浸渍实测项目 附表9-1

项次	检查项目	规定值或允许偏差		检查方法和频率
1△	涂覆量(mL/m²)	液体	≥600	根据施工用量估算
		膏体	≥300	
2	吸水率平均值(mm/min$^{1/2}$)	≤0.01		每500m²浸渍面积,同条件试件取芯按JTJ 275—2000规定进行检验
3	硅烷浸渍深度(mm)	≥C45	≥2	
		<C45	≥3	
4	氯化物吸收量降低率(%)	≥90		

(3)外观质量

表面色泽一致,溅水表面滚珠无存留,不符合要求时应返工。

9.2 表面涂层

(1)基本要求

①表面涂层所用涂层系统各层配套涂料及稀释剂种类、型号、规格、数量和质量应符合有关规范及设计要求,具有出厂合格证,并在有效期内使用。
②混凝土表面处理、涂装工艺符合设计与产品说明的要求。

(2)实测项目(附表9-2)

表面涂层实测项目 附表9-2

项次	检查项目	规定值或允许偏差	检查方法和频率
1△	涂层干膜厚度	平均厚度和80%的测点厚度≥设计厚度,最小厚度≥80%设计厚度	7d后用测厚仪检查,每20m²查1点,测点总数不小于30点
2△	涂层附着力(MPa)	不小于设计,设计未规定时取≥1.5	附着力测试仪:每50m²抽检2点

(3)外观质量

①涂层应连续、均匀、平整,不符合要求时应处理。

②涂层不允许有流挂、变色、剥落、色差、针孔、裂缝、气泡等缺陷,不符合要求时必须处理。

9.3 钢筋锈蚀修复

(1)基本要求

①钢筋除锈所用表面迁移型阻锈剂、掺入型阻锈剂、钢筋表面钝化剂及修补材料的种类、型号、规格、数量和质量应符合有关规范及设计要求,具有出厂合格证,并在有效期内使用。

②喷涂型阻锈剂宜采用烷氧基类,掺入型阻锈剂不得使用以亚硝酸盐为主要成分的阳级型阻锈剂。

③钢筋锈蚀修复的混凝土表面处理、除锈阻锈工艺要求符合设计及产品说明的要求。

(2)实测项目(附表9-3)

钢筋锈蚀修复实测项目 附表9-3

项次	检查项目	规定值或允许偏差			检查方法和频率
1△	修补密实度	密实、无松脱			平锤锤击:全部
2	表面平整度(mm)	3			1m尺量:每处3尺,全部
3△	150d锈蚀电流降低率	初始腐蚀电流	>1μA/cm²	80%	GB 50367—2013 附录 E
			<1μA/cm²	50%	

(3)外观质量

修补与基层黏结牢固,表面平整,无裂缝、脱层、起鼓、脱落现象,不符合要求时应返工。

10 混凝土构件增大截面加固工程

(1)基本要求

①增大截面加固所用混凝土、灌浆料、钢筋、钢/玻璃纤维套管等材料的种类、型号、规格、数量和质量应符合有关规范及设计要求。

②增大截面处原截面表面处理、混凝土或灌浆料的浇筑养生、水下施工的防水工艺符合设计和材料产品说明书的要求。

(2)实测项目(附表10-1、附表10-2)

混凝土构件增大截面实测项目 附表10-1

项次	检查项目		规定值或允许偏差	检查方法和频率
1△	混凝土强度(MPa)		在合格标准内	JTG F80/1—2017 附录 D
2	新增混凝土结构层厚度(mm)①		+10,0	尺量:全部,每构件增厚面不少于2点,圆截面不少于3点;取芯机:全部,每构件1处
3△	结合面处理		满足设计要求	目测:全部
4	受力钢筋间距(mm)	两排以上排距	±5	量:每构件2断面
		同排 梁、板、拱肋	±10	
		同排 基础、墩台、柱	±20	
		灌注桩	±20	
5	箍筋、构造钢筋、螺旋筋间距(mm)		±10	尺量:每构件10个间距

续上表

项次	检查项目		规定值或允许偏差	检查方法和频率
6	钢筋骨架(mm)	长	±10	尺量:每构件抽查2个
		高、宽或直径	±5	
7	弯起钢筋位置(mm)		±20	尺量:每骨架抽查30%
8	保护层厚度(mm)②	梁、柱、拱肋	±5	钢筋保护层检测仪:每构件不少于8点
		墩台、基础	±10	
		板	±3	
		灌注桩	+20,0	尺量:每段沿钢筋笼外侧检查8处

注:①对于尺量结果有怀疑或不具备尺量条件时才可采用取芯的方式,取芯后取样孔应封闭。
②腐蚀环境构件保护层不允许负偏差。

混凝土墩柱套筒加固实测项目　　　　　　　　　　附表10-2

项次	检查项目	规定值或允许偏差	检查方法和频率
1△	混凝土强度(MPa)①	在合格标准内	JTG F80/1—2017 附录D
2△	灌浆料的强度(MPa)②	在合格标准内	附录C
3△	结合面处理	满足设计要求	目测:全部
4	套筒尺寸(mm)	±10	尺量:全部
5	套筒安装位置(mm)	±20	尺量:全部
6△	灌浆饱满度	90%	锤击:5点/m²
7	套筒与墩柱表面的间隙(mm)	±5	尺量:全部,量套筒边缘到墩柱距离,上下端面各取均匀间隔的6点

注:①对于采用灌浆料的,本项不检。
②对于采用混凝土的,本项不检。
套筒内配筋的按附表10-1的规定处理。

(3)外观质量
①表面平整,色泽一致,棱角平直,无明显施工缝。
②表面不应出现蜂窝、麻面,不符合要求时应处理。
③表面不得出现裂缝、露筋、疏松,不符合要求时应处理。
④套筒表面防护无破损,封端混凝土或灌浆料密实平整,不符合要求时应处理。

11 混凝土结构表面缺陷修补工程

(1)基本要求
①混凝土结构表面缺损所用聚合物砂浆、聚合物混凝土等材料的种类、型号、规格、数量和质量应符合有关规范及设计要求。
②修复处混凝土表面处理的程度、修补工艺要求符合设计及材料产品说明书要求。
(2)实测项目(附表11-1)
(3)外观质量
①修补表面平整,色泽一致。

表面缺损修补实测项目　　　　　　　　　　附表 11-1

项次	检查项目	规定值或允许偏差	检查方法和频率
1△	修补密实度	密实、无松脱	平锤锤击:全部
2	表面平整度(mm)	3	1m 尺量:每处 3 尺,全部
3	阴阳角(°)	5	尺量:全部

②修补表面无裂缝、蜂窝、麻面,不符合要求时应处理。

12　体外预应力加固工程

12.1　预应力钢束

(1)基本要求

①体外预应力所用预应力筋/束、转向/锚固块混凝土或钢材、防振块、锚栓、钢筋、锚具及配套防护材料的各项技术性能必须符合现行标准规定和设计要求。

②预应力束中的钢丝、钢绞线应梳理顺直,不得有缠绞、扭麻花现象,表面不应有损伤。

③单根钢绞线不允许断丝,单根钢筋不允许断筋或滑移。

④预应力筋束张拉或放张时,混凝土或钢转向或锚固块与结构界面的处理、混凝土强度和龄期必须满足设计要求,严格按照设计规定的张拉顺序进行操作。

⑤预应力钢丝采用镦头锚时,镦头应头形圆整,不得有斜歪或破裂现象。锚垫板平面应与孔道轴线垂直。

⑥千斤顶、油表、钢尺等器具应经检验校正。

⑦锚具、夹具和连接器应符合设计要求,按施工技术规范的要求经检验合格后方可使用。

(2)实测项目(附表 12-1)

体外预应力钢束实测项目　　　　　　　　　　附表 12-1

项次	检查项目		规定值或允许偏差	检查方法和频率
1	锚固及转向构件位置(mm)	纵向	±30	尺量:全部
		横向	±20	
2	钢构件防腐涂层厚度(mm)		符合设计要求	测厚仪:每构件 5 处
3	钢索坐标(mm)	梁长方向	±30	尺量:各转折点
		梁高方向	±10	
4△	锚栓抗拔力(kN)①		满足设计要求	按 JGJ 145—2013 附录 B,抽检 20%且不少于 5 个
5△	张拉力值		符合设计要求	查油压表数值:全部
6△	张拉伸长率(%)		符合设计要求,设计无要求时 ±6%	尺量:全部
7△	断丝滑丝数	钢束	每束 1 根,且每断面不超过钢丝总数的 1%	目测:全部
		钢筋	不允许	

注:①对锚固质量有怀疑时应按 JGJ 145—2013 要求选取锚固区外的同条件位置进行现场破坏性检验。

(3)外观质量

①体外预应力钢束外防护层不得破损,不符合要求时应处理。
②转向锚固装置不得偏向、掉角、开裂,不符合要求时应处理,处理不了或处理后不能满足结构安全要求的应返工。

12.2 预应力钢丝/高强钢丝绳

(1)基本要求

①体外预应力所用预应力丝、高强钢丝绳、锚栓、钢筋、锚具、结构胶、聚合物砂浆的各项技术性能必须符合现行标准规定和设计要求。
②预应力筋束张拉或放张时,锚板与结构界面的处理与粘接满足设计要求,严格按照设计规定的张拉顺序进行操作。
③预应力钢丝采用镦头锚时,镦头应头形圆整,不得有斜歪或破裂现象。
④千斤顶、油表、钢尺等器具应经检验校正。
⑤锚具、夹具和连接器应符合设计要求,按施工技术规范的要求经检验合格后方可使用。

(2)实测项目(附表12-2)

体外预应力高强钢丝、钢丝绳实测项目　　　　　附表12-2

项次		检查项目	规定值或允许偏差	检查方法和频率
1△		张拉力值	满足设计要求,设计无要求时±100N	查油压表数值:全部
2△		张拉伸长率(%)	满足设计要求,设计无要求时±0.5mm	尺量:全部
3△		锚块间距(mm)	±0.5	尺量:全部
4△		正拉黏结强度(MPa)	≥2.5,且破坏面在混凝土内	拉拔仪:每100m² 抽取3处,且不少于3处
5△	聚合物砂浆面层	砂浆强度(MPa)	符合设计要求	JGJ/T 325—2014
6△		空鼓面积之和与总粘贴面积之比	小于5%	超声波、红外线或敲击:全部
7		厚度(mm)	+5,0	尺量:每块8处
8		保护层厚度(mm)	+8,0	钢筋保护层检测仪:每块不少于5点
9		表面平整度(mm)	3	2m尺量

(3)外观质量

①表面平整,棱角平直,无明显施工接缝。
②表面不应存在露绳(丝)、疏松、夹杂、孔洞、硬化不良、裂缝等缺陷,不满足要求时应处理。

13 支座更换工程

(1)基本要求

①更换的支座类型、规格和性能指标符合相关现行标准和设计要求。
②支座锚栓的埋置深度和外露长度应符合设计要求。
③当支座实际安装温度与设计要求不同时,应通过计算设置支座顺桥方向的预偏量。

④梁板安放时应位置准确,且与支座密贴。如就位不准或与支座不密贴时,必须重新顶升,采取垫钢板等措施,并应使支座位置控制在允许偏差内。不得用撬棍移动架、板。

(2)实测项目(附表13-1)

支座更换实测项目　　　　　　　　　　　　　　　　　附表13-1

项次	检查项目		规定值或允许偏差	检查方法和频率
1△	支座中心横桥向偏位(mm)		2	尺量:全部
2	支座顺桥向偏位(mm)		5	尺量:全部
3△	支座高程(mm)		符合设计规定,设计未规定时±5	水准仪:全部
4△	超出设计规定同排支座高差(mm)		±1	水准仪:全部
5	支座四角高差	承压力≤500kN	1	水准仪:全部
		承压力>500kN		

(3)外观质量

①支座安装后表面清洁,无破损,支座周边无杂物,防污防尘装置完好,不符合要求时应处理。

②板式支座不得发生偏压、裂纹、脱空和不均匀外鼓,不符合要求时应处理,不均匀外鼓必须更换。

③盆式支座固定螺栓位置应正确,安装应牢固,不应有倾斜偏压、部件破损现象,不符合要求时应处理,部件严重破损必须更换。

14　伸缩缝更换工程

(1)基本要求

①更换的伸缩缝类型、规格和性能指标符合相关现行标准和设计要求。

②锚固混凝土性能符合设计要求。

③当伸缩缝实际安装温度与设计要求不同时,应通过计算设置顺桥方向的预张量。

④伸缩缝安装牢固,伸缩功能正常。

⑤伸缩缝更换后与原路面、桥面衔接平顺。

(2)实测项目(附表14-1)

伸缩缝更换实测项目　　　　　　　　　　　　　　　　附表14-1

项次	检查项目		规定值或允许偏差		检查方法和频率
1	长度(mm)		满足设计要求		尺量:每道
2△	缝宽(mm)①		满足设计要求		尺量:每道2处
3△	与桥面高差(mm)		2		尺量:每侧5处
4	纵坡(%)		一般	±0.5	水准仪:锚固混凝土端部每道3处
			大型	±0.2	
5	横向平整度(mm)		3		3m尺:每道
6△	焊接	焊缝尺寸	符合设计要求		量规:全部
		无损探伤			超声:全部

注:①应按安装时的温度进行折算。

(3)外观质量

①伸缩缝无阻塞、变形、开裂,不符合要求时应更换和处理。

②锚固混凝土无裂缝、蜂窝、麻面,不符合要求时应处理。

15 增补灌注桩基础工程

(1)基本要求

①增补桩基及新老基础协同受力构件所用混凝土、钢材、钢筋等材料类型、规格和性能指标符合相关现行标准和设计要求。

②增补桩基施工工艺符合设计要求。

③增补桩基后,原桥梁主要受力构件不得出现新的损伤。

(2)实测项目(附表15-1)

增补灌注桩基础实测项目　　　　　　　　　附表15-1

项次	检查项目	规定值或允许偏差	检查方法和频率
1△	混凝土强度(MPa)	在合格标准内	JTG F80/1—2017 附录D
2△	桩位(mm)	50	全站仪:检查每桩中心坐标
3△	孔深(m)	不小于设计值	测绳或超声波成孔检测仪;每桩测量
4	孔径(mm)	不小于设计值	井径仪或超声波成孔检测仪;每桩测量
5	钻孔倾斜度(mm)	1%桩长,且不大于500	钻杆垂线法或超声波成孔检测仪;每桩测量
6	沉淀厚度(mm)	符合设计要求	沉淀盒或超声波成孔检测仪;每桩测量
7△	新旧桩基协同工作性	符合设计要求	查验荷载试验报告

(3)外观质量新增桩基与原桥基础、墩柱连接截面牢固,界面处无开裂、错台、混凝土酥松等现象,不符合规定时应处理。

16 钢花管注浆锚杆工程

(1)基本要求

①钢花管注浆锚杆所用材料类型、规格和性能指标符合相关现行标准和设计要求。

②按设计要求的程序施工,注浆压力和稳压时间不得低于设计要求,花管内浆体密实、饱满。

③增设钢花管注浆锚杆后,原桥梁主要受力构件不得出现新的损伤。

(2)实测项目(附表16-1)

钢花管注浆锚杆实测项目　　　　　　　　　附表16-1

项次	检查项目	规定值或允许偏差	检查方法和频率
1△	浆体强度(MPa)	在合格标准内	JTG F80/1—2017 附录M
2△	锚杆数量(根)	不少于设计值	全部检查
3	锚孔深度(mm)	不小于设计值	尺量:抽查50%
4△	锚杆插入深度(mm)	≥设计值95%	尺量:抽查30%

续上表

项次	检查项目	规定值或允许偏差	检查方法和频率
5	孔位(mm)	±50	尺量:抽查30%
6	锚杆拔力(kN)	拔力平均值≥设计值,最小拔力≥0.9设计值	拔力试验:锚杆数1%,且不小于3根
7	注浆压力(MPa)	符合设计要求	压力表:全部

(3)外观质量

锚杆垫板应与加固结构体密贴、锚杆不得外露,混凝土不得开裂脱落,不符合规定时应处理。

17 桥梁维修加固荷载试验

(1)基本要求

①荷载试验方案、实施过程与结果评估应符合《公路桥梁荷载试验规程》(JTG/T J21-01—2015)的要求。

②荷载试验过程中出现新增开裂、结构破损、非正常变形、基础沉降等意外 而中止试验的加固桥梁,不得评定。

(2)实测项目(附表17-1)

桥梁维修加固荷载实验实测项目   附表17-1

项次	检查项目	规定值或允许偏差	检查方法和频率
1	应变校验系数	满足规范要求	查验荷载试验报告
2	挠度校验系数	满足规范要求	查验荷载试验报告
3	相对残余应变(变形)	≤20%	查验荷载试验报告
4	加固材料与原结构协同性	趋同	查验荷载试验报告
5	实测频率与理论频率比	≥1	查验荷载试验报告

(3)外观质量

荷载试验后加固材料和产品应无崩开、脱落、错动、开裂等失效、损坏或产品功能损失等现象,不符合时应处理或返工。

附录 A 公路桥梁维修加固工程单位工程、分部及分项工程划分

附表 A-1

单位工程	分部工程	分项工程
单独特大桥、大桥/成批中小桥	上部结构	裂缝修补、植筋、粘贴纤维布、粘贴钢板、耐久性防护、增大截面、体外预应力、荷载试验
	下部结构	裂缝修补、植筋、粘贴纤维布、耐久性防护、增大截面、荷载试验、钢花管注浆锚杆
	基础	增补桩基础、荷载试验、钢花管注浆锚杆
	桥梁附属设施	支座更换、伸缩缝更换

注：特大桥、大桥每桥、每隧道单独为一个单位工程；中桥每10座为一个单位工程；小桥每20座为一个单位工程。

附录 B 公路桥梁维修加固工程质量检验评定用表

分项工程质量检验评定表　　　　　　　　　　　　附表 B-1

分项工程名称：　　　　　工程部位：(桩号、墩台号、孔号)
所属分部工程：　　　　　所属单位工程：　　　　　所属建设项目(合同段)：
施工单位：　　　　　　　　　　　　　　　　　　　分项工程编号：

基本要求	1. 2. …														
实测项目	项次	检查项目	规定值或允许偏差	实测值或实测偏差值										质量评定		
				1	2	3	4	5	6	7	8	9	10	平均值、代表值	合格率(%)	合格判定
外观质量										质量保证资料						
工程质量等级评定																

检验负责人：　　　检测：　　　记录：　　　复核：　　　　　年 月 日

分部工程质量检验评定表

附表 B-2

分部工程名称：　　　　　　　　　　　　　工程部位：(桩号、墩台号、孔号)
所属单位工程：　　　　　　　　　　　　　所属建设项目(合同段)：
施工单位：　　　　　　　　　　　　　　　分部工程编号：

分项工程			备 注
分项工程编号	分项工程名称	质量等级	
外观质量			
评定资料			
质量等级			
评定意见			

检验负责人：　　　　　记录：　　　　　复核：　　　　　年　月

单位工程质量检验评定表

附表 B-3

单位工程名称：　　　　　　　　　　　　　　工程地点、桩号：
所属建设项目(合同段)：　　　　　　　　　　单位工程编号：
施工单位：

分项工程			备 注
分项工程编号	分项工程名称	质量等级	
外观质量			
评定资料			
质量等级			
评定意见			

检验负责人：　　　　　记录：　　　　复核：　　　　年　月

参 考 文 献

[1] 廖朝华.高速公路改扩建工程关键技术研究[D].武汉:武汉理工大学,2009.
[2] 交通运输部.公路工程竣(交)工验收办法[Z].2004
[3] 交通运输部.公路工程竣(交)工验收办法实施细则[Z].2010.
[4] 中华人民共和国行业标准.公路工程质量检验评定标准:JTG F80/1—2004[S]:北京:人民交通出版社,2004.
[5] 中华人民共和国行业标准.公路工程质量检验评定标准:JTG F80/1—2017[S]:北京:人民交通出版社股份有限公司,2017.
[6] 交通运输部.关于公路工程验收执行新版公路工程质量检验评定标准有关事宜的通知[Z].2018.
[7] 交通运输部.公路养护工程管理办法[Z].2018.